ヤマケイ文庫

ソロ　単独登攀者　山野井泰史

Maruyama Naoki　丸山直樹

Yamakei Library

ソロ

単独登攀者　山野井泰史

目次

写真提供　山野井泰史、青田 浩、瑳山ゆり

プロローグ
自分という極限

マカルー西壁・一九九六年秋

ソロ……


「死ぬこと自体はそれほど怖くない。むしろ死そのものよりも、ひとりで死ぬことが怖いんだ。だれにも看取られずに、たったひとりで死ぬことが、寂しいんだ」

ソロで岩壁に向かうとき、いつもこの恐怖にとらわれるという。そしてそれが高じると、ついには「内臓が腐ってきたんじゃないかと思えるほど」の極度の緊張感に襲われるという。

「独りで死ぬんだな。だれもいないところで」

この覚悟をもって、男は臨むという。

*

山野井泰史――言うまでもなく現時点における日本最強のアルパイン・クライマーである。「日本」と限定するよりは、「世界最強のソロ・クライマー」と言っても過言ではないだろう。小学校五年生のとき、偶然テレビで見た劇映画『モンブランへの挽歌』がきっかけで岩登りに取り憑かれ、以来二十年近く、とりわけ高校卒業後の十三年間を、すべてクライミングに費やしてきた。定職はない。富士山頂測候所への冬季歩荷《ぼっか》（徒歩による物資の荷揚げ）である強力《ごうりき》で主な生活費を稼ぎ出し、東京都・奥多摩の山間に建つ、築六十年の借家に妻とともに住む。妻の妙子（旧姓長尾）もまた、ヒマラヤを数多く登っている屈指の女性クライマーである。

山野井はこれまで自分の登攀記録を、クライミング専門誌『岩と雪』誌上にだけ発表してきた。同誌が九五年四月に休刊されたあと、やむなく『岳人』や『山と溪谷』に発表の場を移しているが、それは彼の本意ではない。たとえば九一年、彼は「高所の経験をつむために」同人組織のブロード・ピーク（八〇四七メートル）遠征に参加しているが、このとき、『岩と雪』編集長の池田常道に対して「（遠征記事を）恥ずかしいから載せないでくれ」と語っている。初めてのヒマラヤ遠征で、八〇〇〇メートル峰のサミッターになったにもかかわらず、自分の目指すクライミングができなかったことを「恥だ」とまで感じていた。

ソロ・クライマーとしての、強烈なまでのプライド。それを守り抜くために彼は、これまでどんな登攀にもスポンサーをつけず、みずから稼ぎ出した金で岩を登ってきた。ストイックなまでに「独りで死ぬ恐怖」を楽しんできた。

ではその恐怖とは、どういうものなのか？

「おそらく私が経験した異常な感覚が、彼の言う恐怖に通じるのではないか」

〝山学同志会の頭脳〟と言われ、五十歳に達してなお、南米パタゴニアやヒマラヤの峻峰に挑み続けている坂下直枝は、その異常な感覚を「隔絶感」という言葉で表わした。坂下自身は、豊富なヒマラヤ遠征経験のなかで過去に二度、冬季アンナプルナI峰（八〇九一メートル）とアマ・ダブラム南西稜（六八一二メートル）でソロを経験している。

「パーティ登山と違って、孤立無援のソロは、山から受ける威圧感が全然違うんだ。初めてソロで山に向き合ったとき、この威圧感を自分はこれまで、パーティのメンバーと等分していたと自覚した。七六年に登ったジャヌー北壁で言えば、その威圧感を十数等分していたということだ。もちろんそれだけ、自分の負担は軽くなる。しかしソロでは、その威圧感を一〇〇パーセント、自分ひとりで受け止めなければならない。山のもつエネルギー、迫力、量感といった山そのものの存在感が、自分ひとりにのしかかってくる。恐怖ではないのだが、圧倒的な山の存在感が、はっきり自覚できる。初めてソロで山と向き合ったとき、その実感がジワッと迫ってきた」

そして一方で、「隔絶感」に襲われたと坂下は言う。

「異常な感覚なんだ。周囲のすべてが無機質なヒマラヤや、たぶん極地などでしか感じられない、おそらく普通の生活を営む日本人にはまず経験できない感覚だと思う。ひと言で言えば『だれもいない』という底知れぬ実感。英語のリモートネス(Remoteness)が端的な表現だが、日本語には置き換える言葉がない。たとえるならば『ひとからの絶対的な距離感』。『ひとからの』の意味には、救助への期待感や、仲間とのコミュニケーションや、人間の温もりといったものが含まれるのかもしれない。これがパーティ登山なら、最悪自分が死んだとしても、せめて、自分が死んだという事実をだれかが知ってくれる。だがソロには、それすらもない。(温もりのかけらもない)『絶対的なエンプティー(空)』。奇妙で、異常な感覚なんだ」

山野井はこの隔絶感を「期待などまるでない、悲しい感覚」だという。「たとえば宇宙船に乗って地球を飛び出して、これ以上進めば帰りの燃料がなくなるという時点で、もう二度と帰れないのをわかっていながら、そのまま地球を離れていく感じ」に似ていると。

いずれにしても、隔絶感を背景にした山が放つ圧倒的な威圧感と対峙したとき、ソロ・クライマーは、死に直結した、限りなく恐怖に近い感覚を味わうのかもしれない。

たとえばそれは〝親にはぐれた幼子《おさなご》の不安〟のように。

この隔絶感が理由のすべてではないのだが、アマ・ダブラム単独第二登を最後に、坂下はソロを目指していない。また国内の冬季登攀において、他の追随を許さない記録を残している先鋭クライマー・藤原雅一は「自分よりうまい人間が、バタバタ死んで行くのを見て」ソロをやめている。「理屈抜きに『ソロは死ぬ』という図式が自分のなかでできあがってしまって」藤原は、まだ現役バリバリの二十五歳の時にソロをやめた。それほどソロは、とくにヒマラヤのソロ・クライムは、山野井自身の言葉によれば「死にに行くようなもの」なのかもしれない。

ならばなぜ、山野井はソロに固執するのか？

彼は言う。「その先に、本当の自分が見えるからだ」と。

ヒマラヤと国内のスケールの違いこそあれ、山野井はこの隔絶感を、あるいは隔絶感に襲われることによる恐怖を、早くも高校時代から味わっていた。中学三年で日本登攀クラブに入会し、しかし会の性格が個人主義であったため、勢いこのころから、ソロ・クライムを重ねていた。山に行くために、家のドアを開けて一歩外に出たときから「期待などまるでない、悲しい感覚」を味わっていたという。

目指すは谷川岳一ノ倉沢。行きも帰りもひとりの山行。めずらしがられて、電車内で声をかけられても、なぜか話にのれない自分がいた。また冬の一ノ倉。無風・快晴の絶好のコンディション。だというのに、壁の威圧感に気圧《けお》されて、一歩も踏み出せないことが何度もあった。負け犬のように、壁から逃げ帰ったことが何度もあった。

このころ少年山野井は、漠然とこんなふうに思っていたという。

「立派なクライマーは、だれもがこういう感覚を経験しているんだな。だから自分も、乗り越えなければならないんだな」と。

単純と言えばあまりに単純な、天性の強靭さと言えばそう言える少年の心で、山野井は、その恐怖に自分を慣らしていった。そしていつしか、その恐怖を飼い馴らす術を覚えた。

「壁に取り付くまでは、本当に怖い。でも取り付きで、バイル（ピッケルの一種）を一発打ち込むと、ふっとその怖さが消える。あとは、体が本能的に動いてくれる。でも不思議なもので、体と心は離れている。心はいつも『下りたい。やめたい』と思っている。体だけが先行して、心はいつも下にいる。だからそんなとき、ちょっとしたアクシデントに見舞われると、そういう登攀は、だいたい失敗しているな。

でもある程度の高度まで行くと、離れていた心と体が、ひとつになるときがある。そうすると心が『やれるとこまでやれ。やれるとこまでやれ』と自分を励ます。自分は常々、『諦めるのは恥だ』と思っているので、もうひとりの自分が、自分を叱咤する。そして頂上直下、頂上ではなく頂上直下で、こう思う。『俺って、本当に強いなあ』と。

普段の俺は冴えないから、その一瞬だけ、本当の自分が見えたような気がする。『これが、俺なんだ』と。でもこんな感覚は、年に一、二回ぐらいしかない。言ってみれば、ためにためこんだあとの『射精』に近い快感なんだ」

年に一度か二度、本当の自分が見える。絶頂感にも似た、自分を超えた自分と出会う。隔絶感に耐え、死の恐怖を乗り越えて初めて味わえるこの歓喜を再び得るために、山野井は九六年秋、マカルー西壁に挑んだ。

タクティクス

マカルー西壁——エベレストの東方二〇キロに位置する難峰マカルー（八四六三メートル）の、ヒマラヤの残照を映す巨壁である。標高差二七〇〇メートル。最上部を垂直な岩壁帯で武装した要塞を思わせる山容で、ある者はそれを「ヒマラヤ最後の課題」と言い、またある者は「世界の超一流クライマーたちをして、ことごとく敗北の味を噛みしめさせた壁」と表現する。八一年の実質的な初挑戦以来、いま

マカルー西壁に挑む山野井泰史。青田浩撮影

だだれひとりとして、七八〇〇メートルから上に達したものはいない（注）。

アルパイン・クライミングの分野において、おそらく今世紀最高のクライマーのひとりであるだろうヴォイテク・クルティカ（ポーランド）が、イギリス人天才クライマー、アレックス・マッキンタイアと組んで八一年春、初めてこの壁に挑んだ。だがこのときは、六八〇〇メートルで敗退。そして同年秋、今度は両名に勝るとも劣らない実力の持ち主、イエジ・ククチカ（ポーランド）を加えた三名で、すなわち当時としては世界最強パーティが、再び西壁にまみえた。

このときの三名の最高到達点七八〇〇メートルが、いまだに人間が到達した最高高度として残されている。しかもこの三名の力をもってしても、七八〇〇メートルから上の岩壁帯は「一日半で、たった四〇メートルしか進めなかった」と記録にある。七八〇〇メートルから上の高所に、岩登り最難グレード六級を超す岩壁帯がそびえる壁——それがマカルー西壁である。

しかも酸素は、平地の三分の一。

九六年秋に、世界第二位の高峰K２（八六一一メートル）を無酸素・単独で登った戸高雅史は「八〇〇〇メートル以上は、居るだけで体力が消耗する世界」だと語る。高度がどれほど体をむしばむかは、戸高自身が九四年、川崎教員隊でK2を目指したときの経験が物語る。このとき戸高は、七四〇〇メートルのアタック・キャンプに四泊停滞し、二回アタックを試みたあと、やむなくベースに下りた。そして、ベースキャンプ直前まできたときに「咳をしただけで、肋骨が折れた」。

トップ・クライマーたち、戸高や山野井にとってはごく当たり前の「無酸素で高峰に挑む」ことは、それほど体を痛めつけるものである。居るだけで体力が消耗する世界で、六級を超す極限の登攀を強いられる壁――これがマカルー西壁の「ヒマラヤ最後の課題」と言われるゆえんである。

しかもソロ。山野井に確保してくれる仲間はいない。

この究極のソロ・クライムを成し遂げるために山野井は、みずからの命をも軽量化した。九四年秋、彼はわずか四十七時間でチョー・オユー南西壁（八二〇一メートル、標高差二二〇〇メートル）を登っているが、これはルートのほとんどが、氷雪壁だった幸いによる。したがって荷物の重さも五キロで済んだ。しかしマカルー西壁は、どうしても核心部の岩壁帯にフィックス（固定）・ロープを張らなければならないため、日数も余分にかかり、ロープやクライミング・ギア（登攀用具）も相当量必要になる。結果的に今回は、総重量が一三キロを越えた。初日六七〇〇メートル、二日目七六〇〇メートル、三日目、七八〇〇メートルからの核心部にフィックスして岩壁基部に下降、四日目、そのフィックスを使って上部岩壁帯を抜け、八一〇〇メートルでビバーク、五日目、深夜にビバーク地を発って頂上を踏んだあと、西稜ノーマル・ルートを七四〇〇メートルまで下降、そしてベースキャンプへ、という計画では、どんなに切りつめてもこの重さにはなる。

それでも山野井は「一グラムでも軽くするために」徹底した軽量化をはかった。衣類のロゴ（商標マーク）をはがし、フォークの先端を切り取り、食料も「最後は自分の体を燃やしていくしかない」として、五日分で一・二キロに抑えた。ヘルメットはカーボン製、コッヘルやガスコンロのヘッド、ピトン類もチタン製、カメラも世界最軽量のものを選んだ。「一キロでも重いと、それだけ余分な酸素が必要になる」という理由からだった。

なかでもとくに固執したのは、フィックス・ロープの重さだった。今回山野井は、特注で太さ八・二ミリのロープを用意したのだが、製造元からは「（この太さでは）落ちたら切れる」と忠告されている。しかし山野井は、ロープが切れて墜落死する危険性よりも「一グラムでも軽くする」ソロ・クライマーとしてのタクティクスを優先させた。

絶対に落ちないで登りきれる、という確たる自信のもとに、みずからの命よりも「軽さ」を選んだ。

徹底した軽量化と平行して、日々のトレーニングも繊細を極めた。標高差八〇〇メートルを往復するランニング、不測の事態に対応するためのメンタル・トレーニング、酸素摂取量を高めるための腹式呼吸法、筋力アップのためのウエイト・トレーニング、柔軟性をもたらすストレッチ、さらにはフリー・クライミングを、毎日欠かさず続けた。心肺機能を高めるランニングと交互して、毛細血管を発達させるのに有効だとされる超スロー走法「L・S・D」（ロング・スロー・ディスタンス）も取り入れた。「八〇〇〇メートルでのビバークを考えて、凍傷になりにくい体を作るため」である。その結果山野井は、脈拍数が一分間に四十回を切るという、トップ・アスリート並みの体を作り上げている。

身長一六六センチ、体重五六キロ。もちろん、酒・タバコはいっさいやらない。日々のトレーニングとは別に、本番に向けてあらゆる登攀形態の総仕上げも怠りなくやった。その詳細は以下に一覧として記すが、この山行内容を見る人が見れば「う〜む」とうなずかされるに違いない。しかもこの記録は、あくまでマカルー西壁に限定してのトレーニングであって、山野井はこのほかにも、月に八日〜十日を拘束される強力仕事の合間をぬって、難度的にはこれ以上の「通常の山行」を数多くこなしている。

九五年十月　ネパール無名峰（標高差一〇〇〇メートルの氷壁を三時間で登攀）
十二月十六日　八ヶ岳単独（ジョーゴ沢〜硫黄岳〜ジョーゴ沢下降〜裏同心ルンゼ〜横岳〜大同心稜下降〜赤岳主稜〜赤岳、美濃戸口より往復十二時間）
九六年一月四日〜六日　南アルプス（竹宇十五時四十分〜甲斐駒ヶ岳二十一時三十分〜仙丈ヶ岳五時〜熊ノ平十七時三十分＝泊、出発七時三十分〜塩見岳十二時四十分〜三伏峠十六時〜鹿塩十九時一二十分）
一月十四日　谷川岳一ノ倉沢・南稜フランケ・ダイレクトルート登攀
二月二十五日　南アルプス荒川出合・ネルトンフォール登攀（フリー・ソロ）
三月十日　甲斐駒ヶ岳・赤石沢奥壁左ルンゼ登攀

四月二十八日　北穂高岳・滝谷クラック尾根単独（北穂より往復二時間）
五月十八日〜二十日　剱岳単独（室堂〜剱沢〜源治郎尾根Ⅰ峰九時三十分〜十六時三十分、源治郎尾根Ⅰ峰〜剱岳〜三ノ窓〜剱尾根R4〜R2下降五時〜十二時＝R4登攀三時間、三ノ窓から平蔵谷〜剱沢下降）
六月〜七月　岩場でのアイゼンワーク合計二十日間（5・10のルート数本をフリーソロ）

完璧とは言わないまでも、考えられるだけの万全の準備はした。いつも通りの方法で、いつも通りの自分のパターンで。だからこそ「周囲はだめだろうと言っていたが、自分では七、八割は登れるんじゃないか、と思っていた」。これまでのように「百数十本をこえるソロ登攀のうち、その八割にあたる百本以上を成功させてきた」ように。

ただひとつ違うのは、今回初めて、妻以外に、テレビクルーを同行させたことだった。今回初めて、ソロ・クライマー山野井は、他人に見せる登攀をした。

敗北

九六年九月二十一日午後一時、山野井はついにアタックに出た。自身の日記によれば「異常に興奮していた。みんなと別れる時、涙が出そうになった。歩いている時、はらわたが腐ってしまったのではないかと思うほど苦しい思いだった」という。いつも通りのいい緊張だった。五三〇〇メートルのベースキャンプから、西壁の基部である五五〇〇メートル地点まで約二時間、フリーカメラマン・青田浩が同行した。青田はテレビ局クルーとは別に、個人的に山野井を撮るべく参加したメンバーで、知る人ぞ知る登攀クラブ蒼氷の元会員。傑出したクライマーだった男である。

取り付きまでの約二時間、ふたりはひと言もしゃべらなかった。山野井は「何か話しかけたかった」が、「トランシーバー交信以外ではひとと話さないこと」を自分のルールにしていた。五五〇〇メートル地点に着き、ここから本格的な氷河が始まるため、山野井は、それまで履いていたトレッキング・シューズを、登攀用のプラスチック・ブーツ（二重靴）に履き換えた。それはとりも直さず、死の恐怖に直結する隔絶感を、意志の力で乗り越える瞬間でもあった。

空がしだいに、雲におおわれはじめていた。

ビデオカメラのレンズを通して、青田はその一部始終を見ていた。靴を履き換え、夜間登攀に備えての準備をし、ベースにいる妻とトランシーバー交信しながら、壁の放つ威圧感と、耐え難い隔絶感と、死の恐怖と闘う山野井の「内面」を見ていた。

そして青田は、見た。

「山野井がそのとき、ちっちゃく見えた。体が発散するエネルギーがなくなっていき、しぼんでいった。言ってみれば『ヘビににらまれたカエル』のような状態で、俺は内心『これはやばい』と直感した」

と同時に青田は「これで山野井のマカルーは、終わったな」と感じたという。

「研ぎすました刃物の先が、ポキッと折れた」と。

青田は八七年、ダウラギリI峰（八一六七メートル）の南壁にソロで挑んでいる。当時二十九歳の青田は「日本では俺が一番強い」と自負していたという。だが壁に向き合ったとき、壁の威圧感に足がすくんでしまい、一歩も足を踏み出せなかった。目の前に厳然と立ちはだかる、南壁の威圧感という「見えない壁」を、青田はついに超えられなかった。そしてこれを最後に「自分のなかで位置づけていた」第一線のクライミングを退いた。

金縛りにあったような、足元からはい上がってくる寒気に似た恐怖。そのときと同じ自分が、カメラの向こうにいた。山野井は日記に「雲が出てきた時、心の中でホッとして、もっと天候が悪くなればいいと思った」と書いている。

一回目のアタックはこの時点で中止。その後三日間雪が降り続き、結果的にはベースに退却したのは正解だった。だが青田は、この時点ですでに「山野井はマカルーに飲み込まれている」と感じていた。だから三日後、山野井が二回目のアタックに出たときは「すでに終わっている」。山野井のなかでは答えが出ている。今度は理由づけに過ぎない」と見なしていた。二十四日、山野井は周囲に「行けるところまで行く」と伝えてベースを出た。

「頂上」ではなく、「行けるところまで」と言い残して。

二十四日。ベースキャンプ午後一時発、登攀開始午後五時、二十五日午前三時、六七〇〇メートル着。ひっきりなしのチリ雪崩で、テントの半分が埋まった。二十五日午後六時、登攀再開。雪崩と落石の危険を避けるための夜間登攀だったが、相変わらず激しいチリ雪崩が前進を阻んだ。それに加えて、氷壁のところどころが、ブルーアイスよりも硬いブラックアイスに変わっていた。それでも山野井の計算では、七八〇〇メートルの核心部までは楽勝のはずだった。自分のダブルアックス技術（ピッケルとバイルを両手にもち、それを交互に氷壁に打ち込んで登って行く技術）を駆使した登攀スピードをもってすれば、七八〇〇メートルまでの氷壁は「何の問題もないルート」のはずだった。

標高七三〇〇メートル地点、午後八時頃、こぶし大の落石が、ヘルメットを直撃した。「落石が」というよりも、事前のイメージ・トレーニングには織り込まれていなかった不測の事態が、山野井の「心」を直撃した。「いつも下にいて『下りたい。やめたい』と思っている」心を。だから山野井は、決して弱気になったのではないのだが「これで下りられる。退却する言い訳ができた」と素直に思った。

二十五日午後十時過ぎ、落石後さらに一〇〇メートルは前進したものの、あきらめて六七〇〇メートルのビバーク地点に退却。吐き気に襲われ、軽いムチウチになったことを知る。首がどうにも痛く、二十六日朝になっても吐き気は強まるばかり。それでも空身で再度上を目指した。が、結局、首の痛みと吐き気を理由に、山野井は西壁を下りた。

深いラッセルでマカルー西壁下部の雪壁を行く

最高到達点七四〇〇メートル。「せめて核心部を見たかった」という思いを引きずって……。

落石を受けること自体、ソロ・クライムでは完全なミスである。これがヘルメットではなく、もし大腿にでも当たって骨折でもしていれば、山野井はその場で死んだのである。墜落するかもしくは、下降不能に陥り、その場で骸《むくろ》となったかもしれないのである。ソロとは、それほど一瞬のミスも許されない厳しいものである。

西壁から下りてくる山野井を、青田のカメラは再びとらえていた。今度も同じ五五〇〇メートル地点で、出迎えに出た妻の姿とともに、山野井の「敗北」をとらえていた。氷河の末端にたどり着き、投げ出した荷物に体をあずけた山野井は、だれにともなく、こうつぶやいた。

「たいしたことねえ。(壁の傾斜は)六十度ぐらいだ……」

「たいしたことねえ。一瞬で高度をかせげる……」

ふてくされた子供のように、ひとり、そうつぶやいた。

ぶざまであった。負け犬の捨てぜりふ以外のなにものでもなかった。日本人最強と言われるソロ・クライマーの、見るに堪えない醜態だった。だが少なくとも、山野井は最後に毒づいた。卑屈に笑うでもなく、脅えた様子を見せるでもなく、その一瞬だけ「本当の自分」の一面をのぞかせた。言い換えればそれは、ソロ・クライマー山野井の、山野井たるゆえんを支えている「プライド」だったのかもしれない。「たいしたことねえ」――テレビで放映されたそのひと言を、私は好ましく聞いた。

＊

青田は言う。「山野井は二度とマカルーには行かないだろう」と。同じく今回、テレビ・ディレクターとして同行した武石浩明も「おそらく行かないでしょうね」と口をそろえる。それほど山野井は「（マカルーに）完全に打ちのめされていた」と言う。

これに対して山野井は、説得力ある反論をもつ。そしてその反論は、いちいちうなずけるものである。その論拠を聞く限り、山野井は山に飲み込まれていたのでも、恐怖に脅えて敗北したのでも、ましてや打ちのめされてもいなかった。しかし山野井が、どんなに説得力ある反論を展開しても、それは負け犬の言い訳にしかならない。これが今までのクライミングのように、自分のためだけに行った登攀だったら話は別だが、今回は山野井が、みずから自分のクライミングを他人に見せることを選択した以上、何を言っても負け惜しみにしか聞こえない。事実はただひとつ、「山野井にはマカルー西壁が登れなかった」ということだけだ。結果を残さなければ、観客は納得しない。

スピード不足、落石を予見できなかった嗅覚の鈍さ、そして何より、マカルーを登攀対象に選んだ動機の不純さが、山野井の分析を聞く限り、失敗の原因であるようだ。

山野井は常々、「ビッグ・ウォールに美しいラインを引きたい」と願っている。そして最終的には「ヒマラヤに美しい六級ラインを引くこと」が、山野井の夢である。この思いには、クライマーとしての美意識しか存在しない。しかし今回のマカルーは「だれにも登られていない壁」という好餌《こうじ》が第一にあった。アタックしている最中も「やれるとこまでやれ。やれるとこまでやれ」と自分を励ますいつもの自分とは別に、「これを登ったら、俺は世界一なんだ」とけしかける自分がいた。つまり山野井は、これまでの登攀のように、真に純粋になりきれていなかった。

山野井の経験を聞く限り、すでに山野井は、テクニックや状況判断ではミスを犯さないレベルに達している。はたから見れば命懸けの登攀ではあっても、そこには計算し尽くされたタクティクスがある。成否の可能性は五分五分でも、絶対に死なない自信があるからこそ行く。したがって成否の鍵は、どれだけ精神が集中できるかにかかっている。

山野井は今回、「マカルーが大きく見えなかった」という。われわれ凡夫のレベルでは、山が小さく見えてこそ成功するものだと考えがちだが、山野井はその逆である。山が大きく見え、つまり威圧感が大きければ大きいほど、過去に壁を登りきっているのである。

つまり山野井にとって、威圧感や隔絶感が巨大であればあるほど精神が集中し、雑念が振り払われ、クライマーとしての「ただ上にあがりたい」というむきだしの本能が、みずからを高みに導くのかもしれない。のしかかる恐怖心が、世俗の垢や欲をそぎ落とし、だからこそ、岩を感じ、氷を感じ、山そのものを感じ、獣に近い嗅覚で、壁の弱点が見えるのかもしれない。山野井にとって極限とは、その登攀スタイルではなく、頂上直下で、すべてをそぎ落とした本当の自分が見えるという、その集中力にこそある。

だが今回のマカルーでは、ついにその集中が得られなかった。彼は言う。「本当に集中していれば、雪崩や落石は本能的にわかる」と。

テレビクルーがいたためか。他人の視線を意識し過ぎたためか。それとも妻の存在か？　いずれにしても、マカルーを登れなかった事実より、極限の集中を得られなかったことが、山野井にとっての敗北ではなかったか。力を出しきって敗れたのであれば「完全に打ちのめされた」とも言えようが、現実は力を出すはるか以前に、敗れていたのではなかったか。

マカルー西壁にではなく、有名になりはじめた「新たな自分」に。

「最後までクライミングを楽しめなかった」と山野井は結論づける。

山に向かう姿勢のストイックさにおいて、今や伝説の岳人とも言われる渡辺斉は、計画を思い立つと、山が自分に「宿る」と言う。そしてその計画を実行するまでは「発狂」するとさえ語る。それだけに、一度自分のなかに宿った山を終わらせなければ「決して次に進めない」とも言葉を吐く。他意はない。渡辺は山をそうとらえている。

坂下直枝はひと言、こう漏らした。

「（山野井は自分にとって）希望のような存在だ。（だから）頑張ってくれよなあ」

頭脳明晰、言葉を選ぶに極めて慎重、ややもすれば、鋭利すぎる印象さえ与える坂下が、このときばかりは、ふっと相好を崩した。

九六年秋、山野井はマカルー西壁に失敗した。時を同じくして、彼への長期取材が始まった。

＊16ページ注……この文が書かれたのちの九八年秋、ロシア隊が七六〇〇メートル地点から西稜に抜ける岩壁帯をルートに選び、二名が遭難死するという壮絶な登攀のあと、頂上を陥した。世界の登山界では、これが西壁の初登攀だと認められている。

第一章

高みを見るような

出会い

空しい風が吹いていた。何もかもが煩わしく思えた。どこか見知らぬ土地を、無性にひとりでぶらつきたかった。四十歳を目前にしたころ、おおかたの男の心には、そんな乾いた風が吹くのではなかろうか。仕事に喜びは感じられず、かと言って家庭でも安らぎは得られず、しかし親として社会人として「責任」は果たさなければならず……。新鮮味のかけらもない、決まりきった日常が、たまらなく嫌になることがあるのではなかろうか。私が彼、山野井泰史の存在を知ったのは、そんな心境でいるころだった。

そのころ私は、二大山岳雑誌のひとつ『岳人』誌上で、遭難をテーマにした連載記事を手がけようとしていた。かつて二十代に山登りに没頭し、しかしフリーランス記者となってからはすっかり山から遠ざかり、ほぼ十年を超すブランクをへて、再び山の世界に足を踏みいれたころだった。そんな関係で、連載を始めるために過去の資料収集に当たっていたとき、ふとこんな記事が目にとまった。もしこの記事に目をとめなかったら、私は彼を書くことはなかったのかもしれない。

「登山家が描く96年の初夢・マカルー西壁単独登攀めざし南アルプス80時間縦走」(『岳人』九六年二月号)

この記事に興味をもったのが、すべての始まりだったように今にして思う。

冬の南アルプス全山を、つまりは山梨県の甲斐駒ヶ岳から静岡県の光岳までの全長数十キロの冬山を「たったの三日間で歩き通す」というホラ話が対談記事のメインテーマだったが、その初夢らしい壮大さはともかく、なかで私の注意をとくにひいたのは、山野井が思い出語りに語っている、こんな内容の述懐だった。

「冬の継続登攀では、九〇年十二月三十一日から一月一日にかけて、横尾を午後六時頃出発し、屏風岩一ルンゼを抜けて北尾根を元日未明に上がり、四峰正面壁甲南ルートに取り付いたのが夜明け、前穂高頂上に立ったのが一日の午前十一時。予定では滝谷まで二十四時間で登ろうとしたんだけれど、前穂頂上で天気が崩れるのがわかったので北尾根を下降して、その日のうちに徳沢を経て横尾にもどり、全部で二十二時間三十分だった。（中略）北尾根で順番待ちがあったので、スイスイ回り込んで追い抜こうとしたら、『そんなことするから事故を起こすんだ』と叱られてしまいましたよ（笑）」

ここで語られている、「屏風岩一ルンゼ」も「北尾根」も、「四峰正面壁甲南ルート」もさらには「滝谷」も、私は過去に登っていた。それだけに、そこを駆け上がる男の姿や登攀ルートの困難さは、容易に想像できた。さらに順番待ちで、先行パーティを追い抜く心理も、それなりにうなずける気がした。かつて私も、自分の技術に絶対の自信があったころ、そういう行為をした経験が、何度かあったからである。

それにしても、これらすべてのルートをたったの二十二時間三十分でこなすとは……？　にわかには信じ難いことだった。山は時どきに条件が違い、単純な比較はできないとはいえ、私が冬の北尾根を登ったときは、二十数時間はおろか、実働だけで四日もかかっていた。

「すごい奴がいるもんだ」と素直に感服させられた。

この対談記事のなかで山野井は、ほかにもいくつか、思わずニヤリとさせられる言葉を吐いていた。

「日本人て、一時間歩いたら五分休むような教科書を守っているでしょう。でもアルプスのクライマーは、夜でも休まず登り続けている」「実は、僕は教科書のようなラッセルをしたことがないんです。輪かんも履いたことないし、深い雪になったら這うように手足で四つんばいになって体重を分散してしまう」「前穂高の継続登攀の時は、横尾でまず入山の疲労をとるまで三日ほどかけて休んで、その間、砂糖をなめたりイモを食べてエネルギーを体に蓄え、夜になってから屛風岩に取り付きました」「日本人クライマーの多くは夜に行動できない。ヨーロッパでは夜登りははじめて、日が昇ったころはもう下山している。雪崩に対してもその方が安全ですよ」「山登りは結構知的な面もあるでしょう。自分なら、こんなやり方もできると考えてみただけですから」

生意気にも聞こえる物言いだが、言っていることは「しかり」である。どうやら

この男は、既成の枠にとらわれない発想をもち、しかもやることは理にかなってい
て、何より事の本質を見る目をもっている。

横並び一辺倒の日本にはめずらしい「おもしろそうな奴だ」とそのときは思った。

それから数カ月、特別に意識したわけではなかったが、山野井のことが書かれた記事をたびたび目にしていくうちに、興味はさらに増していった。まず第一に、過去の登攀記録がすごいの一語に尽きた。彼の記録をつぶさに眺めてみると、それこそまさに〝キラ星のごとき〟ビッグ・ルートが並んでいた。

八七年、米国ヨセミテ、エル・キャピタン、ラーキング・フィアア単独第三登。

同年夏、ヨーロッパ・アルプス、ドリュ西壁フレンチ・ディレッティシマ単独初登。

八八年、カナダ北極圏バフィン島、トール西壁単独初登。

九〇年、南米パタゴニア、フィッツロイ冬季単独初登。

九二年、ネパール・ヒマラヤ、メラ・ピーク西壁単独試登、アマ・ダブラム西壁冬季単独初登。

九三年、パキスタン・カラコルム、ガッシャブルムⅣ峰東壁単独試登。
九四年、チベット領ヒマラヤ、チョー・オユー南西壁を新ルートから単独初登。
九五年、カラコルム、レディーズ・フィンガー南西壁初登などなど……。

いずれも超一流の、真のクライマーにしか登れない壁である。なかでもとくに感心させられたのが、その登攀のほとんどが単独つまり「ソロ」でなされていることだった。過去にこれだけの実績を残し、いまだに死なずに挑み続けているソロ・クライマーは、世界に三人はいるまいと思われた。

私が山登りに熱中していた七〇年代後半、「ソロ」などまだ夢のまた夢の世界であった。ヒマラヤ遠征の世界的巨匠、クリス・ボニントン率いるイギリス隊がアンナプルナI峰南壁を陥落させ、日本の先鋭クライマー集団、山学同志会がジャヌー北壁を陥し、かの鉄人登山家、ラインホルト・メスナーがナンガ・パルバットを単独で登り、また一方で、フリー・クライミングの伝導者、ジョン・バーカーが信じられないムーブで壁をフリー化しようとも、究極のバリエーションである、ヒマラヤなどの大岩壁をソロで攀じることなど、とうてい不可能だと考えていた。もちろんそれ以前、ヘルマン・ブールやワルテル・ボナッティなどの輝かしい記録があり、またその後、ニコラ・ジャジェール、ピエール・ベジャン、レナート・カーザロットなどの傑出したソロ・クライマーが輩出するわけだが、山野井の記録のように、ソロで執拗に壁だけを追及する男など、当時はまず周囲にいなかった。

大岩壁をソロで登ることほど、そら恐ろしいものはない。一歩間違えば、かなりの頻度でひとは死ぬ。しかも、助けてくれる仲間はいない。スタンスに置いた足がすべるか、手がかりとなるホールドから指先が離れるかした瞬間に、体は数百メートルの中空を飛ぶ。たとえザイル（ロープ）で自己確保をしていても、落ち方によってはビレー・ポイント（墜落防止のための支点）など、たやすく吹き飛んでしまうものである。だから過去、世界的名声を得たソロ・クライマーはことごとく、壁の露と消えている。落ちることもさることながら、たとえば手をかけたホールドがはずれる刹那、落ちていく自分が見え、岩に叩きつけられる自分が見え、肉や骨が砕ける音が聞こえ、さらには絶命する瞬間の苦しみを思い描くことほど、けだし恐ろしいものはない。実際に落ちた経験があるひとならわかるだろうが、かなり厳しいバランスを強いられた状態で、「落ちるっ」「落ちるっ」と心のなかで叫びつつ、力が萎えて耐えられなっていく瞬間ほど、身の毛がよだつものはない。足はガタガタ震え、体もまたブルブルと悲鳴を上げ、ふと振り返れば、足元にはぞっとする空間が待ち構えていて、次いでやにわに体が岩を離れれば、それこそジェット・コースターが頂点から落下する間際のように、全身を寒気が貫き走る。これがもしソロならば、次に待っているのは死だ。

こうした墜落のイメージが、常に頭にこびりついて離れないのが、ソロで岩壁を攀じることの恐ろしさのはずである。

だが、あこがれた。そういうロシアン・ルーレットのような登攀を、時としてやってみたいと思った。自分の全存在を、山に賭ける瞬間が欲しかった。だから私にあって、「ソロ」こそは、クライミングにおける至高のスタイルだと考えられていた。

もちろんこの私に、とうていできることではなかったが……。

「ソロ……か？」

彼の記録を眺めていると、はるか高みにそびえる鋭峰を仰ぎみるような、強い羨望がわいてくるようだった。

また一方で、さまざまな関係資料を読み進むうち、私のなかで、人間山野井像が、こんなふうに形作られていった。

妻とふたり、都下・奥多摩に建つ山村の一軒家を借りて住み、こつこつと金をため、その金で年に一、二回程度、時どきの理想とするクライミングに行く。その遠征も、組織や企業のバックアップはいっさい受けずに、自分の金だけで行く。他人の力を当てにせず、ただ自分のためだけに、自分を高めるためだけに行く。記録は発表するが、壮行会や報告会や登頂記念パーティといった俗事は行わず、傑出した登攀を成し遂げて帰ってきたあともなお、淡々と次のクライミングに向けてトレーニングに励む。

三十歳を越えても定職には就かず、クライマーとして名を上げても登山界の組織図には与《くみ》せず、ましてや実益を求めて山岳ガイドにもならず。生業としては、富士山の冬季歩荷である強力仕事に汗を流し、自身にとって本当に価値のある「岩」だけを登って生きる。食えなくなったらどうするかとか、体がきかなくなったらどう生きようかなどは考えず、むろん世間の評価など眼中になく、ひととして生まれてきたからには、ただひとつ事を追及する。

易きに流れず、俗にまみれず、ひとりどこまでも「ソロ」に徹して、自分を生きる。

「はたしてこんな人間が、今の時代にいるのだろうか……」

しだいに、会ってみたいと考えだした。

山野井という男

そのストイックなイメージとは裏腹に、愛くるしい瞳をもった男であった。想像するよりずいぶん小柄で、はにかんだような笑顔が印象的な、どこか少年の面影を残した男であった。まったくの偶然で、私は山野井に出会った。

それは会ったと言うよりも「この目で見た」という方が正確なのかもしれない。九六年五月、場所は北アルプス剱岳。

このとき山野井は、秋にひかえたマカルー西壁遠征のトレーニングのため、剱岳の岩場のなかでも最も難しいとされる剱尾根側壁のバリエーション・ルート「R4」を登りにきていた。一方私は、文部省登山研修所（文登研）主催の大学山岳部リーダー研修会をレポートするために、剱岳登山のベースである剱沢を訪れていた。その下山の途、室堂のバスターミナルで、偶然にも山野井を見かけたのである。

「山野井じゃないか？」

そう声をかけたのは、研修会に講師のひとりとして参加していた小西浩文だった。小西は壁を登るクライマーではないものの、日本を代表するヒマラヤニスト（高峰登山家）で、山野井とは九一年、同人パーティで、ブロード・ピーク（八〇四七メートル）をともに登頂した仲である。その小西が、バスのチケットを買おうと並んでいた研修生の列に交じって、ひょっこり山野井の姿を見つけたのである。

声をかけられた山野井は、ひとなつっこい笑顔で、照れたように笑っていた。

研修会に参加したメンバーは総勢六十余名。みな真っ黒に日焼けし、暑苦しい冬用の登山ジャケットをまとい、臭い立つような山姿のままだった。これに比べ山野井は、ジャージに半袖のTシャツ一枚というラフな格好で、ひとり季節外れの印象を与えるばかりか、身長一八〇センチ前後の大学生たちに囲まれると、ずいぶん小柄に見えた。とりわけ容貌、目付き、そして体格ともにグリズリーのような小西と比べると、まるで子供のようでさえあった。

「これが本当に、あの山野井なのか？」

本人に間違いないとはいえ、私にはすぐには信じられなかった。

押し出しの強い小西に引っ張られるかたちで、山野井はその後も研修生たちと行動をともにした。小西と山野井は、どうやら車で一緒に帰京する段取りをつけたようで、山野井はその後、文登研のセミナーハウスに帰ったあとも、研修生とともに風呂につかり、室内クライミング・ボードで本人いわく「思いっきり遊び」、さらには研修所のお偉方に誘われるまま、講師陣の反省会にもちゃっかり席を占めていた。堅苦しい会話が続くなか、いかにも居心地悪そうな表情を浮かべながら、それでも長テーブルに盛られたオードブルを、遠慮しつつもしっかり食べていた。

その一挙一動を、私はテーブルの末席から眺めていた。

別れ際、「いずれまた」と言って私が名刺を差し出すと、山野井は申し訳なさそうに「あっ、すみません。名刺をもっていないもんで……」とまた照れた。

その憎めない表情が、強く印象の尾を引いた。

人間も四十年近く生きてくると、新たな人間関係を作るなど、ただただ煩わしく感じられるものである。とくに私のように、社会に出てから一度も組織に属したこ

易きに流れず、俗にまみれず、ひとりどこまでも「ソロ」に徹して、自分を生きる。瑳山ゆり撮影

とがなく、フリーランス記者という、ひとり仕事をもっぱらにしている人間にとって、取材以外で同じ人間にもう一度会いたいと思うなど、めったにないものである。だがこのときばかりは、なぜか違った。「この男に、ゆっくり話をきいてみたい」とその場で思った。小西らが、車に同乗して数時間という時間を山野井と共有することに、年甲斐もなく嫉妬さえ覚えた。

「別れ難い」と思わせられた人物はじつに山野井が久しぶりだった。

このころからだったろうか。山野井を書いてみたいと考えだしたのは……。

それから三カ月後、つまり九六年夏、私は都内のとある喫茶店で、山岳雑誌の最大手『山と溪谷』の編集長、神長幹雄と会っていた。すでに山野井は、マカルー西壁遠征に向けて旅立っており、本人の了解を取り付けないうちから、こうした話が進められていた。

「山野井を、人物ルポというかたちで書いてみたいのですが」

私は用件を切り出した。

「それはかまいませんが、あなたはこれまでに、そうした長い人物ものを書いた経験がありますか？」

神長は、私の力量に懸念を示した。

「ありません」

私はそう答えるしかなかった。

これが実績ある作家の申し出ならまだしも、神長にしてみれば私など、名もない一介のフリーライターに過ぎない。そんな人間の持ち込み企画に対して、雑誌の数ページを何カ月にもわたって定期的にあけるということは、編集長としてかなりの思慮が必要なはずである。もし連載がつまらない内容になり、果ては書けないからと言ってページに穴でもあけられてしまっては、自身の責任問題にもなりかねない。神長の懸念は無理もないことだった。だが幸いにも、このときすでに『岳人』誌上で私の遭難記事の連載が始まっており、それを読んでいた神長は、連載記事の質と私の過去のキャリアから判断して、どうやら英断を下したようだった。

「では来年から、うちで連載を始めてもらいましょうか。でもＴＢＳが、もう山野井を追っかけていますよ」

「……えっ？」

初耳だった。すでに映像メディアが取材を始めているという。神長によれば「マカルー西壁遠征をメインにしたドキュメント番組を作るため、TBSがもう何カ月も前から、山野井を追跡取材している」とのこと。

「先を越されたか」と私は内心歯嚙みした。

企画はすんなり通ったものの、肝心の山野井本人に承諾を得ていないことと、映像メディアがすでに先行していることが、私にとっては気がかりといえば気がかりだった。言うまでもなく、山野井が取材を拒否すれば元も子もなくなり、またTBSの映像がすばらしければ、活字は二番煎じに過ぎなくなる、というリスクをはらんでいた。だが不思議なことに、私はそのいずれにも、たいして心配は抱かなかった。「山野井は取材を受けるだろうし、映像にはろくなものが作れないだろう」とはなから踏んでいた。不遜な言い方だが、私の記者としての〝眼力〟が「すべてうまく行く」と告げていた。

九六年十一月三日、日曜六時にTBSで放送されていた報道番組「報道特集」の枠内で、山野井のマカルー遠征はオンエアされた。プロローグに書いたように、山野井の挑戦自体は失敗しており、しかしその失敗を、映像がどうとらえるのかを、私は注意深く見守った。山を映像化する場合、おおむね失敗は美化されやすい。状況が悪かったから致し方なかったとして、それほど山は厳しいものだとして、失敗の原因や要因を、挑んだ人間の側に求めることはまずあり得ない。だがこのときすでに、山野井本人への取材を開始していた私としては、映像の作り手が、その部分にまで踏み込んでくれることを期待した。「それでこそ、今までになかった山岳ドキュメントになるはずだ」と。

だが、しかし……。

私はほくそ笑んだ。「これなら勝てる」と。放映された映像は、通りいっぺんのヒマラヤ遠征ものでしかなく、マカルー西壁がどれほど困難で、そこにソロで突っ込むことがどれほど価値があり、失敗は失敗だとしても、山野井の失敗がおよそ凡百の登山家の比ではないことなどについて、何ひとつ語っていなかった。それどころか映像の後半部では、ソロの崇高さを、安っぽい夫婦愛にすり替えていた。だから私は思ったものだ。「やはり日本のマスコミの見識は、この程度に過ぎない」と。

話は前後するが、マカルー西壁に失敗した山野井は、十月初旬に帰国。その直後に神長から「遠征記事をまとめてくれ」との依頼があり、私は人物ルポに先立って、山野井のマカルー遠征記事を書くことになった。したがって私が、剱岳で出会って以来五カ月ぶりに山野井と再会したのは、九六年十月中旬、早くも晩秋の風が立ちはじめた奥多摩の彼の自宅においてであった。

「書いてもいいですよ。ほかの人が俺のことをどう見ているのか、自分でも興味がありますから」

意外にも、山野井はあっさり取材を受け入れた。だが、どことはなしに、私はひっかかるものを感じた。

「冴えない登山だった」「力を全然出しきれなかった」「いつもはメロメロになって帰ってくるのに、体がこんなにピンピンしている」と山野井はしきりに照れていた。それほどマカルー西壁は、たしかに情けない結果に終わっていた。だからだろうか、私は山野井の言葉の端はしに、どこか不自然さを感じた。愛くるしい瞳はそのままで、ひとなつっこい笑顔も相変わらずだったが、「とりつくろっている」「言葉を飾っている」「自分を良く見せようとしている」という印象を受け、もっとはっきり言えば「この男は今、自信をなくしているな」とも知覚した。

自他ともに認める最強のクライマーが、あれだけのテレビクルーを引き連れて、成功すれば間違いなく世界的快挙になったであろう大騒ぎに失敗したのだから、しょげかえるのも無理はない。だが私が感じた不自然さは、そうした遠征の結果一事に理由を求められるのではない、もっと奥深い「心の迷い」のようなものだった。ひょっとしたら山野井は、自己嫌悪に陥っているのではなかろうか。そしてその原因がもし、テレビクルーを同行させてしまったことだとしたら、マスコミの脚光を浴び、そのせいで自分の登攀が何ひとつできなかったことに、この男は後悔しているのではなかろうか。しかしテレビクルーの同行は、自分が納得して同意した以上、失敗の言い訳にできることではない。よしんばテレビカメラを意識するあまり、ソロで最も肝心な集中力をそがれたとしても、それが失敗の原因だったなどとは、口が裂けても言えるものではない。ただ自分の先を見通す判断が、甘かったということだ。それをわかっていながら、間違っても口に出しては言えないだけに、なお自己嫌悪の度は深い……。私にはそんなふうに思えた。言うなれば、時のひとになりつつある山野井の「心の揺れ」を垣間見た。

だから私は、記事をどう書くべきかと思案した。

フリーランス記者となって十年余り、〝マスコミの世界で踊るひとびと〟を、私は少なからず見てきた。マスコミのヨイショに躍らされ、いつしか自分を見失っていき、虚飾の栄光にしがみつくひとびとを。だがマスコミにとって「時のひと」はただのネタでしかない。ネタとしての価値がなくなれば、その人間のことなど見向きもしなくなる。だが時のひとは、それには気づかず、あたら虚業の世界に身を染めていく。ひょっとしたら山野井も、この構図に足を踏みいれたのではなかろうか。ストイックなまでに自分を守り通してきた人間が、名声の高まりとともにもち上げられまた浮かれ、それがため、いっときだけでも自分を見失い、事の本質を見誤ったのではなかろうか。たとえそうでなくても、「自分の最も神聖な部分を世間にさらした」という事実は残る。そう思えたとき、私の書くべきスタンスはおのずと決まった。

心苦しくも、「迷い」の核を突きつけようと。

それが九六年十二月、『山と溪谷』九七年一月号に掲載された「自分という極限」と題したマカルー遠征レポートであった。本書のプロローグである。

＊

「こんなふうに書かれたら、私だったら耐えられない」

遠藤由加は、そう語ったという。遠藤は、山野井夫婦とは親友関係にある女性トップ・クライマーで、「由加ちゃんがそう言っていた」と、のちに山野井の妻の妙子から聞かされた。また山野井によれば、彼の山仲間である友人のひとりは「これを書いた人間は、山野井が嫌いなんだろう」とも語ったという。

無理もない。私はたしかに真意をひそめて、山野井に「いい気になるな」と書いた。たとえ真意は伝わらなくても、それで腹を立てるような男なら「わざわざ書くに値しない」と思って書いた。だれだって、命懸けの挑戦の失敗を「ぶざまだった」などと書かれた日には……、もしこの私が山野井の立場だったなら、その場で雑誌を破り捨てたことだろう。

だが山野井は、記事を否定しようとはしなかった。それどころかのちに両親から「こんなことを書かれていいのか」と尋ねられても、「事実だから、しょうがない」と答えている。内心は憮然としながらも、自分の吐いた言葉に責任をもった。みずからの汚点や弱点を、飾らずに語れる人間がどれほどいることか。おそらく山野井は、根っこの真実は伏せたにしても、事実を事実として語り、また認め、そしてさらには、その後の継続取材をも受け入れた。

「この男には、確立した個が備わっている」

私は、自分の眼力に間違いがなかったことにほっと胸をなでおろすと同時に、山野井という人間の「信に足る」人間性を見る思いがした。

現実にはその後、この記事のニュアンスをめぐって、激烈な口論もあるにはあったのだが……。

かすかな緊張をはらみつつ、こうして山野井への長期取材が始まった。


「あいつは山では強いよ」

電話の向こうで、青田浩はそう話した。私はその「山では強い」という言葉のニュアンスが、妙に心に引っ掛かった。だからその意味を、具体的に知りたいと青田に伝えた。

電話は二時間を超えて、なお深夜におよんだ。

九七年三月、山野井は妻の妙子と青田浩をともなって、北海道の利尻岳に赴いた。

妙子は旧姓「長尾」として知られる世界でも屈指の女性クライマーであり、青田は過去に、アンナプルナI峰南壁、プモリ南東壁、クスム・カングル北壁などを登っている、図抜けたクライマーとして鳴らした男である。現在はフリーカメラマンに転向し、山野井のマカルー遠征に同行したことは、前に書いた。

青田によれば、利尻のコンディションは最悪だった。三人が島にいた三日間、低気圧の通過にともなって天候はほとんど吹雪状態で、とてもクライミングを楽しむという状況ではなかった。過去に凍傷をわずらっていた青田は、そのためベース地点を出る間際まで、かなり同行をためらったという。

だが山野井は「一万円以上使ったら登らないわけにはいかない」と強硬に持論を主張し、事実その通り、青田の懸念など無視してアタックに出た。当初の予定だった最難ルート、〝西壁・青い壁〟は取りやめたものの、利尻岳をめぐる稜線では最も難しいとされる仙法志稜に取り付いた。山野井はやる気満々、妙子も山野井の判断に異を唱えることはなく、だが青田は、過去の凍傷や一線のクライミングから遠のいたこともあり、なかば命の危険を感じていた。

仙法志稜は、頂上までの距離は短いものの、ナイフエッジ（細い稜線）と小ピナクル（岩塔）が連続するテクニカルなバリエーション・ルートで、しかも頂上直下に、頂上バットレスと呼ばれる難度五級の岩壁帯をもち、たとえ天候や雪質などのコンディションが良くても、ここを一日で抜けるのは至難の業だとされる。それを猛吹雪が荒れ狂うなか、山野井は一気に登りきろうとした。

ベース出発後、十二時間以上の連続行動を続け、時計はすでに夜の九時。だが山野井は、依然としてトップで登り続けていた。妙子に確保を頼み、写真撮影のため同行した青田を岩壁基部に残し、最後の難関である、頂上バットレスに突っ込もうとしていた。まだ厳冬の三月初め。天候は相変わらず猛吹雪。しかも時間は夜の九時。青田によれば「ヘッドランプで照らしても、二、三メートル先のザイルさえ見えない」状況でありながら、山野井はなお登攀を続行しようとした。

このとき山野井は、いいかげんに行動を打ち切りたいと思っていた青田に対して、こう言ったという。

「ビバークしたいの?」

言うまでもなくその意味は「もう泊まりたいの?」「何をそんなに怖がってるの?」「俺はまだ全然平気だよ」という通告だ。「もうちょっと頑張らせてくれ」でもなく、「凍傷の具合は大丈夫?」でもなく、山野井はそう言い放ったという。

この苛酷な状況下で、これほど冷たい響きをもった言葉がほかにあるだろうか。

利尻岳仙法志稜を行く。青田浩撮影

一方で山野井は、かつて厳冬の南アルプスで、足を折り深みにはまって溺れかけていた鹿を、パンツひとつになって助けあげた経験をもつ。心臓麻痺を覚悟のうえで、助けあげてもいずれは死ぬであろう瀕死の鹿を、凍った沢に飛び込んで救ったエピソードをもつ。みずからの危険をかえりみず、目の前の命に執着した一面をもつ。

どちらが本当の山野井なのか。

また普段の山野井は、きわめて人当たりがよく、いつも控えめでニコニコしていて、意外なほど他人に気を遣う男である。クライマーにつきものの「狷介《けんかい》」さは微塵も見当たらないし、むしろ心根の温かい男である。

どちらが真実の山野井なのか。

おそらく、どちらも山野井そのものだろうと私は思う。

それを悟らせられるのは、はるかあとのことではあったが……。

輝く光り

九七年一月。谷川岳天神平スキー場ロープウェー乗り場。深夜零時三十分――。

漆黒の闇が辺りを包むなか、ロープウェー乗り場の建物を浮かび上がらせるライトだけが、坦々と白い光を放っていた。

冷え込みがきつい。風はさほど感じられないもののさすがに夜気はヒリヒリとして、靴底の、アスファルト表面をおおった薄氷を、足元でかすかに軋ませた。

「行きますか……」

ほどなくして、われわれは歩きだした。

これが週末であれば、スキーヤーの車で埋め尽くされるであろう道路際の駐車場に、平日の今日は一台の姿もない。あるのは私たちが乗ってきた、ワンボックスカーの黒い影だけだ。除雪されたロータリーを過ぎ、谷川岳指導センター前のつづら折りの雪道に足を踏み入れると、背後にそんな光景が広がった。まるで墨絵を見るような、闇の濃淡に彩られたモノトーンの世界。その陰影はどこか、山野井の心境を映しているようでもあった。山野井は通常、ソロで一ノ倉沢を目指すとき、この寂しい道を土合駅から独り歩くという。「厳しいクライミングをするためには、常に厳しいトレーニングをしていなければならない」として。「たとえば嫌だとしても、やらなければならない」として。

もう十五年来、彼はそんな冬を繰り返している。

山野井が衝立岩をソロで登りにいくと聞いたとき、私は同行したいと思った。もちろんこの私に、山野井とザイルを組む力はとうにない。ただ山野井が、ソロで岩を登るときの「表情を」「そのスタイルを」「心の揺れを」この目で一度見ておきたかった。また行き帰りに車を使えば、その時間を使って話を聞けるという算段もあった。だから私は天体望遠鏡を担ぎ、出合に陣取って眺めるために、わざわざテント一式を用意した。

だが出発前、山野井はそんな私の思惑を見透かしたように、こう言った。

「行きは緊張していますから、たいした話はできませんよ。成功して帰って来れば、何でも気楽に話せるんだけど……」

おそらくそれは「集中を乱してくれるな」という、山野井流の釘のさし方だった。

事実山野井は、車が谷川岳に近づくにつれ、助手席できょろきょろする回数が増えた。外はちらつく程度の雪なのに、運転するこちらが煩わしく感じられるほど、しきりに車窓をうかがっていた。その姿はどうかすると「最強」のイメージからは程遠い、何かにおびえる小動物のようだった。頻繁に外をうかがいながら「雪崩が、怖いですからねえ……」とつぶやいていた。

マカルー遠征記事の取材で山野井は、ソロで岩に向かうときの心境を、私にこう話していた。

「死ぬこと自体が怖いんじゃない。ひとりで死ぬことが怖いんだ。だれにも看取られずに死ぬことが、寂しいんだ。だれもいないところで、ひとりで死んだな、と覚悟して行く……」

ルートの難易度に差こそあれ、おそらく心境は同じなのだろうと思えた。彼にとっては庭のような谷川岳でも、同じ緊張感がわいてくるに違いない。むしろヒマラヤなどより、岩質がボロボロの一ノ倉沢の方が、命の危険ははるかに高い。どんなに自信があっても、怖さを忘れたらひとは死ぬ……。それがわかっているから、山野井はしだいに無口になった。

奥多摩の自宅を夕方五時ごろに出て、途中で夕食をとってロープウェー乗り場前に午後九時着。午前一時出発をめどに、車のなかで仮眠をとった。わずかの時間に過ぎないが、私はそれでも「少しは寝た」という感じがした。だが山野井は、全然寝られなかったようだった。それは私のいびきのせいでも、ロープウェー乗り場のまぶしいライトのせいでも、知り合って間もない人間との、気まずさのせいでもないように思えた。

ほとんど不機嫌と言っていいほど、山野井は何もしゃべらず車をあとにした。

「冗談じゃない。ひとりで勝手に行け。好きなように行ってさっさと登れ。俺は寝る」

出発間際の私の心境ではない。一ノ倉沢出合にたどり着いたときの、私の癇癪《かんしゃく》だった。

西黒尾根を巻く樹林帯に入ってすぐ、私のヘッドランプの電池が切れた。いいかげんな準備の天罰だったが、さらに悪いことには、早や目が見えなくなった。山野井の歩くペースが早過ぎて、ものの十分とたたないうちに、眼鏡がくもって見えなくなったのだ。

視力が〇・一以下の者にとり、闇夜にヘッドランプが消え、眼鏡が使えなくなる事態がどういうものなのか。文字通り盲目同然である。雪道に踏まれたトレール（踏み跡）さえ、皆目わからない状態である。しだいに私は離され、ついにマチガ沢の出合直前で、山野井にこう言うしかなかった。「先に行ってくれ」。だが内心は、ちょっと待ってくれないか、という程度の気持ちでしかなかった。こちらの窮状に気づいてもらい「俺の後から照らしてくれないか」という思いが込められていた。

が山野井は、ひと言も言葉を発せず、さっさと闇に姿を消した。

ひとの言葉を、杓子定規に受け取る男。すでに山野井の眼中には、目指す一ノ倉沢衝立岩オーバータイム・ルートのことしかなかったに違いない。

自業自得とはいえ、それでも心のどこかでは「ひょっとしたら待っていてくれるんじゃないか」という淡い期待はあった。月明かりもヘッドランプもなく、さらには視力さえもおぼつかない人間を、多少は気遣ってくれるのではないか、と虫のいいことを考えた。

しかし追いかける先に、山野井の姿はついになかった。

「そんなに自分が大事か。自分だけ良ければいいのか。いつもより余裕をもって出発したのだから二十分や三十分は待っていてくれてもいいではないか」「そんなに雪崩が怖いか。雪崩を食らう危険性といったってテールリッジに取り付くあたりだけではないか。まだ深夜だ。それにこんなに冷え込んでいる」「勝手にしろ。ひとりで好きに登れ。俺の知ったことではない」

一ノ倉沢の出合に着いた。病癖はまだおさまっていなかった。もしそのとき目の前に、人影でも現れれば、私は驚くより先に、わけもなく殴りかかっていたかもしれない。

自分のふがいなさを棚に上げて、私はひとり毒づいていた。

こんな感情の激しい起伏が、私にどう作用したかはわからない。雪面に投げ出したザックにどっかと腰をおろし、深々とたばこを一服吸うと、初めて冬山の冴えがひしひしと伝わってきた。見れば周囲は、降るような青みがかった深い闇。あたりに漂うのは、そよとも風の吹かない完璧な静寂。そして吹き出る汗を、たちどころに凍らせてゆく厳しい寒気。信じがたいことに、水音さえかすかに漏れ聞こえてくる。

こんな神秘的なまでの静謐《せいひつ》が、私にどう作用したかはわからない。

ふと見上げると、山野井がいた。夏の夜の蛍のように、光が高みで揺れていた。

私を置き去りにした山野井が、闇に浮く光となって現れた。それはただ、美しいと言うほかはない光景だった。私は呆けたように立ち尽くし、次いで心が騒ぎだし、じつにひさかた何年ぶりかで、思わず叫びだしたくなるほどの興奮を覚えた。

輝く白光がただひとつ、闇にあっても黒々とそびえ立つ衝立岩を目指して、その取り付きに向かって延びる一本の雪稜、つまりテールリッジを、ひたすら真っすぐに突き進んでいた。周囲の雪面に淡く光をこぼし、それはときに上下に揺れ、あるいは左右に振れて、一点の輝く光が、あたかも意志をもった生き物のように、切り立つ闇を食んでいた。あくまで力強く、決してよどむことなく、見事なまでに上を目指していた。

このときの心境を、いったいどう言い表したらいいのだろうか。私のなかで、何かがふつふつとたぎっていた。

力がみなぎっていた。おびえなどどこにもなかった。岩に挑むソロ・クライマーの、確たる意思が読み取れた。とにかく速い。驚くほど速い。光が、闇を登っていく。むろんその姿は見えずとも、目に光を宿した山野井の横顔が、さも手に取るように見えるようだった。鮮やかな、このうえなく美しい、まれなる綺羅《きら》の輝きだった。

見上げる中空に、本物のクライマーがいた。

山野井を真剣に「書いてみたい」と思い決めたのは、おそらくこの一瞬がきっかけだったのかもしれない。わが心のうちの、絶えざる空しい風が、ふと凪ぎはじめた端境だったのかもしれない。

ややあって、私はテントに明かりを灯した。

『ソロ』への、ささやかな声援を込めて……。

第二章
少年の日に

その生い立ち

十七年前、彼もひとりの少年に過ぎなかった。まだ坊主頭の、岩登りが好きでたまらない中学生だった。ごく平凡な家庭に生まれ育ち、学校でもこれと言って目立ったところはなく、ただ早くもこの時期に、一生を賭け得る価値観とめぐりあい、みずからの進むべき道を見定めていた。山野井の生い立ちを眺めると、少年が少年らしく育つとはどういうことなのかと、ふと考えさせられずにはいられない。

義務教育の九年間を通じて、五段階評価の通知表に2もないかわりに、4もめったにない凡庸な生徒であった。運動も学業も、ほとんどの科目が平均値の3。ただひとつ際立っているのは、絵画の能力だけが、一貫して5の評価を受けていることである。

生まれつき絵心をもった、どちらかと言えば積極性にかける気のやさしい子。だがそんな弟が、口癖のようにいつもこう言っていたのを、姉は強く印象にとどめている。

「俺は、やれば何でもできるんだ。ただ、関心がないだけなんだ」

ひるがえせば、関心があることなら人並み以上のことができる自信がある——そう語る弟が、唯一とことん関心を示したのが、すなわち山登りであった。

山野井は一九六五年四月二十一日、父親の実家である東京都足立区本木で生まれている。四歳違いの姉をきょうだいにもち、目のクリっとしたいかにも健康そうな赤ん坊として、この世に生を受けている。都下小金井市の公団住宅で、五歳までの幼年期を過ごした。

今に面影を残すその愛くるしい瞳のせいで、山野井は小さいころ、よく女の子に間違えられたという。公団住宅時代、遊び相手と言えば姉やその友達がほとんどだったので「弱々しくて、将来どうなるのか」と、父親が懸念するほどの男の子だっ

山野井泰史4歳、メーデーの日に父と

た。山野井が五歳になった夏、一家は千葉県千葉市に家を求めて移り住むが、新たに入園した幼稚園で、楽しかるべき運動会の日に、ただひとり大泣きしていたのが、だれあろう当の泰史であった。

夜間高校を苦学して卒業し、毎日新聞印刷部に就職した父親は、のちに労働組合専従、さらには書記長まで務めたように、若いころから権力にはたてつく性格の持ち主だった。普段は家庭などかえりみず、「はっきり言って、子供の教育にはほとんどかかわっていない」と打ち明ける仕事人間だったが、その罪滅ぼしにと、休日は極力家族を旅行に連れ出した。

そんな家族旅行のひとコマで、山野井が今でも覚えている光景がある。一家はある年の夏、房総半島に海水浴に出かけ、折あしくその帰り、駅員が発車間際になってものろのろと改札作業を滞《とどこお》らせたため、予定の列車に乗り遅れた。そこで父親の、根っからの性格が顔を出した。

「なんだその怠慢は。貴様らのせいで列車に乗れなかったではないか。何とかしろ」

言葉はこの通りでなかったにせよ、父親は怒って直談判におよび、結局それが功を奏して、一家は次の急行にただで乗ることに成功した。息子はそんな父親を「そう言えばどこかに行くと、しょっちゅう怒鳴っていたな」と記憶する。一方父親は「自分は曲がったことが大嫌いで、とくに制服を着た人間には、絶対に引かない人間だ」とみずからを語る。この熱血感の血が、間違いなく息子にも受け継がれていることは、のちに父親が身をもって知ることになる。

母親は一転して、のんきを地で行くような専業主婦だった。下町の職人の子として生まれ、ほかは男ばかりの四人きょうだいのなかで育ったせいか、その気性にこだわりというものがないような女性であった。夫の仕事の内容をほとんど知らず、子供に勉強しろと言ったこともなく、のちに山野井が、山一辺倒の生活に足を踏み入れても「暴走族でもないし、麻薬をやっているわけでもないし、好きなものをゆわえておくわけにはいかない」とおおようにかまえる親だった。しかし本音の部分では「(命懸けの山ばかりの息子が)けがをして入院しているときだけが、ホッとする」とも打ち明ける母だった。ただ夫に付きしたがって、「何とかなるわよ」を生活信条に、淡々と日々をやり過ごす平凡な主婦だった。

「でもあの家は、平凡だが独特の雰囲気があって、家族それぞれが、みんな生きいきしていた」

と、一家をよく知る友人はいう。

いずれにしても、こんな親に見守られ、しかし余計な干渉やいらぬ期待を受けぬまま、山野井は少年期を過ごすことになる。

利発さという点では目立たない子供だったが、かと言って決しておとなしい子供ではなかった。山野井は水泳が得意で、また小学校高学年から中学いっぱいまで剣道を続け、その腕前もかなりのものだった。中学校の親友によれば「剣道は小学校で一級、千葉市の大会で三位に入賞したことがあり、中学に入っていきなり三年生を負かした」という。しかもその中学校は、千葉市内では指折りの剣道実力校であり、さらに得意の絵画では、小学校時代にコンクールで入選し、その作品が県立美術館に展示されてもいる。

成績はオール3と言っていい子供にも、多様な才能が備わっていた。ただ気づかせられるのは、それら他人に秀でた能力が、いずれも個人で行う行為であることである。

「何につけても、いつも自分は、みんなから離れたところにいたな」と本人は述懐する。

　そもそも団体競技には、向かない子であった。

　昆虫や小動物を飼うことが好きな子供でもあった。かぶと虫やクワガタなどを、近所の森から捕まえてきては越冬させ、飼っていた熱帯魚も、生餌を与えるほどに大きくした。その習性は今も変わらず、三十二歳になった現在でも「その辺からクワガタなどを捕まえてくると、いつまでも嬉しそうに眺めている」と妻は言う。

　子供が生き物に興味をもつことは、べつに山野井に限ったことではない。ただ山野井が、一風変わった子と感じられるのは、それらを殺すことを嫌がる子供だったことである。

　たとえば私を引き合いに出せば、私は子供時代、自然界の生き物を平気でいたぶっていた。今にしてみればえげつない行為だが、蟬の背中に爆竹をゆわえて空中で爆発させたり、同じくカエルのあごを吹き飛ばしたり、カマキリの首をはさみでちょん切ったり、アリ地獄を逆にアリの大群にほうり込んで餌食にさせては、素直におもしろがっていた。しかしだからと言って、小さきものの命を軽んじる大人に育った意識はない。むしろ子供は、そうした遊びを繰り返すなかで「殺生の意味」を学んでいくのではなかろうか。

だが山野井は、小学校の理科の実験でさえ、カエルやフナの解剖に腹を立てたという。「なんであんなことをするんだ。かわいそうじゃないか」と、子供心に悲しくなったという。これを心根のやさしさと見るか、都会っ子のひ弱さと見るかは論の分かれるところだが、山野井が、生き物の死に特別な感情を抱く子供であったことは、次の話が端的に物語る。

「自分でも理由はよくわからないんだが、車に轢《ひ》かれた犬や猫の死骸を見つけると、ひとりで運んでは、空き地に埋めている子供だった」

十歳前後の少年が、普通ならだれもが目を背ける死骸を運んでは、土に埋めて弔っていた。見捨てられた生き物の死を、少年は放っておくことができなかった。そんな光景を想像すると、のちに彼が語ることになる、ひとつの言葉がオーバーラップする。ソロで岩壁に向かうとき「ひとりで死ぬのが、寂しいんだ」という、その心境の原型を見る思いがする。

山野井は子供のころから、死という実体のない寂蓼感を、みずからに投影する子供ではなかったか。おそらくそれは、ひ弱さや心のやさしさから発するのではなく、深く潜在意識に根差したものではなかったか。学習としての「死」を、学習したからこそ否定するのではなく、彼には先天的に、死を忌み嫌う固有の生理が備わっていたのではなかろうか。おそらく山野井にとって、死とは怖いものではなく、「生理的に嫌なものなのではないか」と、私はその話を聞いてふと思った。まただからこそ、普通なら死んでもおかしくない状況に追い込まれてもなお、その先天的な固有の生理が、死を拒絶する強い意志力へと転化して「生き延びることができるのかもしれない」とも考えた。

いずれにしても、やさしさとは明らかに異質な、透明で硬質な感情である。

時を同じくしてこのころから山野井は、現在を彷彿とさせる行動を取りはじめるようになる。たとえば放浪癖がそれで、小学校高学年のあるとき、千葉市の自宅から、親戚がある埼玉県越谷市まで歩いたことがある。自転車ではなく、ダンプやトラックが走る味気ない国道を、ひたすら少年は歩いていった。何を思っての行動だったのか、いま本人に説明できる記憶はない。思うに〝ささやかな冒険心の発露〟だったのかもしれない。

また危険な匂いにもあこがれはじめ、家の裏の空き地に穴を掘って野宿の真似事をしてみたり、ベランダからロープを垂らしてよじ登ったり、自宅二階屋の、子供にとってはかなり危険な屋根上に、快感を覚えて登り下りを繰り返した。「友達は怖がって尻込みするのに、自分にはできる。そのことが快感だった」と本人は振り返る。普段は目立たない子供の、優越感の何たるかを知った始まりだったのかもしれない。

そんな息子を母親は「そう言えば……そんなことをやっていたわね」という程度にしか記憶していない。間違っても「危ないからやめなさい」とは言わない親だった。

山野井を小学校五、六年で受け持った担任を、立岩美枝子先生という。当時の管理教育にあってはめずらしく、子供を子供らしく育む先生だった。だいいち本人が、アフリカやインドネシアといった辺地をひとり旅する自由人で、先生はそうした旅先での経験を、ことあるごとに子供たちに語って聞かせた。興味津々に聞きいる子供たちのなかにあって、とりわけ少年山野井は、際立って目を輝かせて聞く教え子だった。まだ見ぬ異境の地へのあこがれを、冒険に心ひかれるその資質を、無垢な瞳に宿していた。らしくない先生が、少年の瞳の純真さに、心をひかれたであろうことは想像に難くない。

あるとき立岩先生は、勉強や運動ではこれといって目立たない山野井に「クラスの委員長になりなさい」と告げている。このとき山野井は「なんで俺が？　べつに勉強ができるわけでもないのに……」と不思議がったことを覚えている。だが立岩先生は、学校生括の規範では計れない少年のすぐれた点を、自身の個性に照らして見抜いていたのだろう。すなわちそれは、子供にとって大切なのは学業成績などではなく〝生きいきとした目の輝き〟であることを。

小学校卒業後何年かして、山野井は当時のクラスメイトとともに先生の家に遊びに行っている。そのとき先生は、かつての教え子たちに向かって「あなたたちのクラスが、一番良かった」としみじみつぶやいたという。その響きに山野井は「先生は今、学校でうまく行ってないいんじゃないか」という陰りを聞き取っていた。

成績はどうであれ、他人を思いやることができる子供であった。

この立岩先生との別れのとき、つまり小学校の卒業アルバムに、山野井は将来の夢を「無酸素でエベレストに登る」と書いた。そして九六年秋、その夢に内容では勝るマカルー西壁ソロに挑んだとき、テレビ放映された映像を、ぜひ先生に見てもらいたいと二十年ぶりに両親が連絡を取ったところ、立岩先生は、すでに亡くなっていた。

山野井の周囲には、よき理解者としての大人が必ずやいた。またその生い立ちに、ソロに傾倒する現在の姿を感じさせる軌跡を見て取るのは、ひとり私ばかりだろうか。

感じ取る心

立岩先生にめぐりあった小学校五年のとき、山野井は現在を決定づけたのかもしれないひとつの映像と出会っている。それが劇映画『モンブランへの挽歌』であった。

おそらく日曜日午後の放映だったろうか。それも民放ではなく、たしかNHKで、しかも教育テレビの枠だったのかもしれない。偶然にもこの映画を、私も見ていた。内容の詳細はほとんど覚えていないが、こんなストーリーだったとおぼろげに記憶する。アルプスの老山岳ガイドが主人公で、老ガイドはかつてお客を岩場で死なせた経験をもち、その痛みを人生の影として生きていた。年とともに山の仕事もつらくなり、そろそろ引退の潮時かと思いはじめたころ、ひとりの若者が名指しで訪ねて来る。若者の指定したルートが、かつて自分がお客を死なせた同じルートであることから、物語りはサスペンス・タッチで進んでいく。

ここまで聞けばだれもが想像するように、この若者は老ガイドが死なせた客の弟だった。若者は復讐心を胸に秘め、老ガイドとザイルを組む。老ガイドはうすうす気付きながら、淡々と岩を攀じていく。そしてふたりの葛藤をはらみつつ、ザイルは次第に問題の事故現場へと延びていき、ちょうど事故現場に近づいたとき、何が原因だったかは思い出せないが、どちらかのミスで、ふたりは宙吊り状態に……。

こまごまとした経緯はあやふやだが、たしかこんな流れだったはずである。

宙吊り状態のふたりを支えているのは、いまにも抜けそうな一本のハーケンだった。老ガイドの体は中空にあり、若者はそれでも辛うじて岩場に張りついていた。だがもしハーケンが抜けてしまえば、もろとも墜落することは明らかだった。この時すでに、若者がかつての客の弟だということは明かされていた、と記憶する。老ガイドはもがいた。何とかして窮状を脱出しようとした。若者になす術はなく、すべての決断は老ガイドにゆだねられた。

このあとのシーンが、今でも鮮明に脳裏に焼きついている。老ガイドはナイフを取り出すと、みずからのザイルを断ち、はるか数百メートルの断崖を落ちていった。安っぽいダミー人形ではなく、今でもどうやって撮影したのかが気にかかるのだが、本当に人間が虚空を墜落していった。その老ガイドの、客を助けるためにみずからの命を犠牲にした義侠心にも感動を覚えたが、何より生身の人間が、鮮やかなスローモーションで中空を落下していくシーンが、限りなく美しく見えた。

作者は、老ガイドの死を通して、生き続けることの重さを説いたのだと今にして思う。

こうした劇的なストーリーもさることながら、この映画の魅力は何と言っても、その登攀シーンの迫真さにあった。やらせや合成は一切なく、役者がスタントマンに立場を変えても、登攀シーンは本番の岩場を攀じていた。アブミが岩角にこすれ、ハーケンが乾いた音を轟かせ、オーバーハングを越え行くクライマーの、荒い息遣いさえ伝わってきた。何より映像全体に、岩の「匂い」がした。岩に吹く風が、冷たい花崗岩の肌触りまでが、見る者の皮膚を撫でるようだった。

私の経験に照らしてみて、これほど岩登りの臨場感を漂わせた映像は、おそらくこの『モンブランへの挽歌』をおいてほかにない。

山野井は十一歳という年齢で、この映像を見ていた。そしてたちどころに「俺がやるのはこれだ」と啓示にも近い感動を覚えたという。むろん小学生のこと、ストーリーの意味を咀嚼《そしゃく》する力はなかったが、クライミング・シーンを、ただ少年は「かっこいい」と詠じたという。

かっこいい——あまりに陳腐かつ平凡な表現ではあるが、その内奥には、見る者の美意識が読み取れる。つまり山野井は、ストーリーの意味や映像の美しさではなく、クライミングという行為そのものに、心の琴線に触れるインスピレーションを得たということだ。

そこに私は、彼のもって生まれた資質を見る。

たかだか十一歳に過ぎない子供が、ひとつの映像で将来を決定づけてしまうほど感動を覚えること自体は、それほど驚くことではない。現にこの私でさえ、物書きになりたいと思い決めたのは、十二歳のときに読んだ、一編の短編小説が嚆矢であった。ただ私が目を止めるのは、岩登りの「い」の字も知らない少年が、クライミング・シーンを見ただけで、その先にある、岩登りの本質的魅力を感じ取ったことである。死の危険と背中あわせの「命がたぎる快感」を、かっこいいと詠じたことである。本質を敏感に感じとり、また感じ取ることができる能力がなければ、将来にわたって「これだ」と思い決めるほど、強い感動を受けるはずもない。山野井はその資質に、すぐれた感受性と直観力をもった子供ではなかったか。

人生の早い時期に、一生を賭け得る存在にめぐりあう幸運は、単なる偶然で片づけられるものではない。受け取る側に、その本質を、見抜く資質があってこそだと私は考える。

いずれにしても、山野井は山の世界に触れたそもそもから「はじめに岩ありき」のまれなる人間だった。

その後のエピソードには事欠かない。岩登りに目覚めた少年は、家の塀や近所の石垣を皮切りに、片っ端から壁を攀じてゆく。勢い余って、よその家の朽ちた塀を押し倒して逃げ帰ったこともある。クライマーがそうするように、小学生の子供が塀や石垣を真剣な目付きで仰ぎ見る姿は、想うだけで好ましい光景ではないか。今や田舎でさえ、野山を真っ黒になって駆け回る子供など見かけなくなったこの時代から見れば、少年山野井の姿には、ある種の郷愁さえ私は覚える。見つめる瞳の輝きを、のぞいてみたいとさえ思う。

そのうち少年は、千葉市内最大の壁である「千葉城の石垣」へとフィールドを広げていった。

千葉城は千葉市東南部にあり、山野井の自宅からは自転車で四十分以上かかる。城址公園一帯は、城の天守閣のほかに県立文化会館、県立図書館などが配置され、千葉市街においては唯一の高台となっている一角である。

「あのへんの壁を登って、図書館で山の本を読んで帰るのが好きだった」と本人は述懐する。「あのへんの壁」とは、千葉城天守閣の石垣だったり、県立文化会館のコンクリート側壁だったり、その一角から少し外れた、住宅街との境界をなしている胸壁だったりした。いずれの壁も、高さにして五、六メートル。落ちれば骨折の危険もある。そんな人目につきやすい場所にある壁を、少年は人目を盗んで攀じていた。あくまで私の実感に過ぎないが、グレードにして五級上、5・9はあろうかという垂壁をである。

何が楽しくて、何がおもしろくて、少年は通いつめていたのだろうか。だれに教わるでもなく、何を手本にするでなく、常にひとりで出かけていっては「攀じる快感」を楽しんでいた。

そもそも山野井は、何かをやろうとして、他人に教えを乞うたことは一度もない。

素直な子供

岩登りの快感に目覚める一方で、同じく小学校高学年のころから、山野井は普通の尾根歩きも楽しみはじめていた。ただその楽しみ方が、ちょっと普通と違っていた。

山野井の母方の叔父さんに、長潟正昭という人物がいる。彼はこの叔父さんを「ありきたりのガイドブック的登山ではない、どうやったら山のなかで遊べるかを教えてくれた」山の恩人だと今でも思っている。叔父、甥のふたりは、山野井が中学校を終えるまでの数年間、ときに中学校の友達をメンバーに誘って、しばしば一緒に山行を繰り返した。

「自分が山に誘うと、泰史はいつも喜んでついてきた。ほかの子供と比べると、泰

叔父さんとの山行、丹沢にて

史は喜び方が違った」と長潟は覚えている。

山野井が初めて本格的な登山をしたのは、小学校五年の夏、叔父さんと南アルプスの北岳に行ったのが最初である。あいにく台風にたたられ、肩の小屋で一泊して帰って来ただけの山行だったが、長潟によれば、悪天候のなかをがむしゃらに頂上まで登り、帰りのスーパー林道でも大雨のなかをひたすら歩かなければならなかったつらい経験を、山野井はむしろ「おもしろがっていた」という。冒険好きな少年は、台風下のずぶ濡れ登山に「非日常の甘美な香り」を嗅ぎ取っていたのかも知れない。

長潟は高校のころから山歩きを始めていたが、その登山はまったくの自己流で「ひと言で言えば、いいかげんな登山をやっていた」。「準備はいいかげん。金がないため装備などろくなものがなく、服は普段着そのままで、コッヘルも時代物を自分で工夫して使っていた。天気や行動時間など頓着しないため、目的地に夜中に着く、台風のなかを歩く、山小屋を利用しないなど、まず、まともな山行はしなかった」。

だがこうしたいいかげんな登山を、山野井は心から楽しいと感じていた。常識外れであるからこそ「どうやったら山のなかで遊べるか」を、少年は自分で学び取っていった。たとえば丹沢の沢に出かければ、巻き道を選ばずに滝をあえて直登し、また冬の雲取山では、ジーンズにキャラバンシューズといういで立ちで平気でラッセルをやり、たとえ安全な道が確保されていても、わざとルートを外して危険な道を行く叔父さん流の山登りを、喜々として楽しんでいた。この叔父を、今でも恩人のように慕い「連れて行ってくれた」と表現する山野井の言葉に、私は彼の人間性を見る。

その長潟が、今の山野井を彷彿させる出来事として、こんなシーンを覚えている。山野井が中学校に入りたてのころ、例によって八ヶ岳連峰・硫黄岳に出かけた帰りにふたりは、登山口にある美濃戸山荘に立ち寄った。そこでふたりが休んでいると、山荘脇にあるボルダー（巨石）で、ロック・クライミングの練習をやっているひとがいた。聞けば山荘のアルバイト氏とかで、ザイルにハーネス（登攀ベルト）を身につけたその姿は、山野井からすれば、あこがれのクライマーを思わせた。

「僕もやっていい？」

少年は叔父さんにたずねた。

「やってみろ」

叔父は少年の心をくみ取った。

このときの、何ともうれしそうな山野井の表情が「今でも忘れられない」と長瀉は言う。そしてさらには「山を歩いて飽きることがない、素直な子供だった」とも。

これが山野井が、初めて本当の岩に触れたきっかけだった。アルバイト氏は快く承諾してくれ、山野井はそのときの感激を「それまで石垣しか登ったことがなかったので、すごくうれしかった」と鮮明に覚えている。その後二十年近くたった、今もである。

いかにもほほえましいエピソードだが、現実にはもう少し裏がある。このアルバイト氏の名を、八橋正道といい、八橋は現在、長野県の木曾で林業に従事しており、このときの出来事を、こう覚えている。

「山野井君がどうこうというよりも、あのとき一緒にいた叔父さんの方が、むしろわたしには印象深い。はっきり言って、山野井君の強い印象はない。わたしは当時三十過ぎで、東京で高校の図書館司書をしていて、夏休みを利用して山荘でアルバイトをしていた。自分も岩登りを始めて間もないころだったので、興味のある人には、ただ薦めていたというだけで……」

八橋が子供の山野井に対してではなく、自分と同年代の長潟に興味をもったのは無理もない。長潟はこのころ、司法試験を目指して会社を辞した浪人中の身であり、八橋もまた、のちに公務員の職を捨てて山里に移り住むような「安住な生き方をよしとしない」人物である。まだ子供の山野井に目が行くよりも、どこか自分と似た人間に興味を抱くことは、大人として当然のことである。ただ山野井が、長潟同様にこの八橋に対しても「ボルダリングをさせてくれたひと」という言葉で恩義を感じているところに、私は彼の人間性を見る。

長潟が「素直な子供だった」としみじみ言う、その類いまれなる善性を……。

山野井は中学校に入ると、叔父さんとの山行に、同級生を誘うようになる。なかでも最も多く行動を共にし「親友」と呼べたのが、同じ剣道部員の、千脇淳だった。学校での山野井の様子を千脇は「目立たない生徒。周りの生徒から見ればおとなしい奴。なんとなく居るという感じ」と覚えている。剣道部の練習にはまじめにくるのだが、まるで真剣さは感じられず、いかにも手を抜いている印象だったという。だが山に行くと、その「茫洋としたイメージ」が、「一変した」とも明言する。

中学二年で行った奥秩父・乾徳山を皮切りに、以降ふたりは叔父さんを交えて、丹沢、鳳凰三山、金峰山、南アルプスなどの尾根歩きのほか、千葉城石垣、日和田山など、岩登りの真似事もやっていく。その後二十歳過ぎまで、山行や交友が続いたことを考えあわせれば、この千脇が一番近く、成長期の山野井の「ひとと山」を眺めていた人物かもしれない。山野井の山での様子を、千脇はこんなふうに言う。

「たとえば縦走していて、あいつの姿を後ろから眺めていると、そんなときのあいつって、山のなかに吹いている『風』なんですよ。何かのためにとか、登る理由づけとか、一生懸命さとかが全然感じられない。山野井に、無理を感じたことがないんです。苦しい場面でも、あいつは苦しんでいない。その反面、楽しんでもいない。ただ、生まれたままの姿でそこにいる。山野井は、山を登っていること自体が、そもそも自然な感じなんですよ」

一緒に山に行くたびに、「こいつは俺とは違う」「自分とは違うところにいる」と強く印象づけられたという。

何かにあこがれる子供の常で、それこそ山野井の部屋には「山」が満ちていた。千脇によれば、「えらく汚い部屋だったが、山の匂いがした。メスナーの本もあったし、部屋の壁のそこらじゅうに、懸垂をするための手がかりを作っていた。（部屋の壁には）雑誌からひっぱがしたような山の写真が貼られてあって、いつも宝物が隠れていた」。

そんな部屋でふたりは、こんな会話を交わしていた。「チーラン（千脇）は、どこが好き？」「南アルプスの縦走がいいな」「山野井は？」「絶対に北アルプス。だって、岩があるから」

叔父さんらと行く尾根歩きと並行して、山野井は中学二年のころから、ひとりで日和田山にも出かけはじめていた。日和田は言うまでもなく、首都圏のクライマーには最もなじみ深い岩登りゲレンデ（練習場）である。本人の述懐によれば「初めて出かけたとき、自分は石垣登りの感覚で行ったのだが、みんなヘルメットにザイルの格好をしていたので、気後れして取り付けなかった。そこで手前のボルダーで練習していたら、帰り支度のクライマーが『そういうところを登り下りしていれば、いずれ谷川岳を登れるようになるよ』と言ってくれた。だから二度目は奮起して、男岩を数本フリー・ソロした」という。フリー・ソロとは、ザイルなどの安全確保手段をとらずに登ることを言う。もちろん、ゲレンデといえども落ちれば死ぬ危険性は高い。

　坊主頭の中学生が、あこがれの人間の言葉に励まされ、うきうきと出かけていって岩を攀じる姿が、目に見えるようである。それにしても、こと岩登りとなるとひとりで平気で出かけていくところが、山野井の山野井たるゆえんである。

　金がないので、いつもキセルの常習犯だった。もちろんクライミング用具など買えるはずもなく、しかしだからといって、親に小遣いをせびることは決してしなかった。山野井にとって、「形」はどうでもいいことだった。

　異常と言えば異常なのかもしれないが、早や中学も三年になると、山野井の岩場詣ではいよいよその危なっかしさを増してくる。日和田に飽き足らず、より大きな壁を目指して今度は、千葉県南部の鋸山ゲレンデに目をつけた。

　日和田に通っていたころのある日、山野井は千葉市栄町にあった山道具屋で、鋸山の存在を教えられた。鋸山は、東京湾に面した千葉県南部・鋸南町にある小高い丘で、その頂上付近にある切り立った懸崖が、地元クライマーのゲレンデになっていた。

「山道具屋でその話を聞いて、使い方もわからないのに、ロープとヘルメットをもって、ひとりで出かけていったんだ」

もっともそのロープとヘルメットは、いかにも山野井らしく、工事現場からかすめとった土木作業用の代物だったが……。ドカヘルと麻縄をもって、少年は電車に乗った。

中学三年の十月、二度目の鋸山山行で、山野井は初めて岩から落ちた。その落ち方も半端ではなく、高さ七、八メートルの乗っ越し直前の高みから「最後のホールドの岩に飛び付いたら、岩ごと落ちた」。使い方がわからないため、もちろんザイルもヘルメットもなし。背中の皮がベロリとむけて、手と言わず足と言わず、それこそ顔面までから血が吹き出す大けがをした。父親によれば「全身で三十数カ所の打撲と裂傷」だったという。

家で出迎えた両親は「幽霊かと思ったほど、泰史は血だらけになって帰って来た。帰りの電車では、みんな怖がって、だれも近づかなかったと本人は言っていた」と覚えている。

楽しいばかりの、無鉄砲を重ねてきた果ての、初めての苦い蹉跌《さてつ》であった。

だがこのころすでに、「素直な子供だった」少年は、自我をもった青年に変わろうとしていた。数々の経験を重ねたなかから、自分の進むべき道を、少年は子供ながらに見定めていた。理由はただひとつ、「好きだから」である。

鋸山の一件まで父親は、息子のやることにはいっさい口出ししなかった。だがこのときばかりは、厳しく叱責した。けがだけならまだしも、おりしも高校受験を控えたこの時期に「勉強はほとんどしないで、山ばっかりの息子の生活態度」に、さすがに親として激怒した。だから父親は、有無を言わさず息子に告げた。

「山をやめろっ」

だが息子は、真っ向からはむかった。

「山をやめろと言うのなら、俺を殺せっ」

そして生涯でただ一度、父子はむきだしの取っ組み合いになり、その結果、父親の……。

「あの子には、反抗期というものがなかったのではないか」と姉が語る弟の、初めて親に対して見せる〝気性の激しさ〟だった。

気がつくと、父親の肋骨にヒビが入っていた。

子供が子供らしく、すくすく成長するとはどういうことなのか。「楽なこと」ではなく、「本心から好きなこと」を、本人が思うがようにやらせてみればいいのではなかろうか。

たとえそれが、親の意に添わなくても。

父親は許した。息子が山を続けることを。「そこまで好きなのなら」として……。肋骨にヒビが入ってもなお、父親に息子を許す親心がなかったなら、今の山野井は生まれなかったのかもしれない。

中学三年の冬、山野井はクライマーだけが集まる社会人山岳会「日本登攀クラブ」に入会した。

第三章
揺れる自我

孤立

青春の一歩手前、思春期とはいったいどういう時期なのか。すでに子供ではなく、しかしまだ大人でもなく、未熟であるがゆえに、幾多の傷を経験する時期なのかもしれない。山野井もまたこの時期、揺れ、惑い、悩みながらも、自分の夢を模索していた。

今となっては限られた人間しか知らない事実だが、山野井はその昔、かなり目立つ出っ歯であった。十八歳の秋、八ヶ岳大同心で顔面を岩に強打する事故に見舞われるまで、彼の歯は口元からこぼれていた。ひとなつっこい笑顔を見せるとき、必ずやのぞく現在の整った白い歯は、じつはその四本までが差し歯である。

すさまじい事故だった。山野井はこのときセカンドで、トップを確保していた。トップは高校の同級生で、しかもレスリング部に所属していた重量級だった。

岩登りは通常、先行するトップの人間が壁を攀じるとき、後続のセカンドは、安定したテラス（岩棚）などでトップとつながれたザイルを確保する。もしトップが落ちたときには、ザイルを握って墜落を止めるためである。一方トップは、墜落した場合のことを考えて、登りながらも壁の何メートルかおきに、ランニング・ビレー（壁に打ち込まれたボルトやハーケンなどを支点としてザイルを通していく技術）を取って行く。つまり墜落したときに、ビレー点を歯止めとして、墜落距離を最小限におさえるためである。だが墜落した地点が、ビレー点から近ければ墜落距離は短くて済むものの、たとえば最後のビレーから、五メートルも登ったところでもし落ちれば、墜落距離はその二倍、つまり一〇メートルを落ちることになる。仮に一般成人男子の体重を六〇キロとして、六〇キロの塊が一〇メートルの高さを落下するという衝撃は……、おのずと想像がつくだろう。そしてもし、頼みのランニング・ビレーも抜けたとしたら……。

取り付いて二ピッチ目、ハング（岩の庇）で詰まったトップは少し戻ろうとして、スタンスを踏み外して墜落した。八ヶ岳大同心は、ただでさえ岩質が極めてもろく、ボルトやハーケンが抜けやすい岩場である。ために重量級の人間が「一〇メートルは落ちたか」という墜落の衝撃に耐えきれず、ランニング・ビレーは次々と抜け、頑丈だと思われたボルトさえも抜け、それこそあと一本抜けたら、ふたりもろとも岩壁下まで叩きつけられる、という最後のセルフ・ビレー用（確保者の支点用）のハーケン一本で、辛うじて墜死はまぬがれた。だがセカンドの山野井は、墜落の衝撃でザイルに引っ張られて体ごと飛ぶようにもって行かれ、あろうことか顔面から、岩に激突した。

どれほどの衝撃だったのか。想うだけで寒気が走る。

折れたのではない。むしろ折れたほうが良かったのかもしれないが、前歯が歯茎に、ズグッと食い込んだ。助かったトップによれば「前歯全部が、鼻のなかまでめり込んでいた」という。

どれほどの痛みだったのか。寒気を通り越して悪寒が走る。

地元の病院では手の施しようがなく、痛みに耐えて山野井は、山梨から千葉の自宅まで帰宅した。血だらけのタオルを口にくわえ、バスや電車のなかでは乗客に気味悪がられ、しかしただの一度も泣き言は吐かなかったという。付き添った級友が覚えているのは、顔面を強打した直後に山野井が、口元を血まみれにしながら、「ちっくしょう」「こんなところで死んでたまるか」と絞り出すようにうめいていたことである。

このとき山野井は、あまりの激痛をこらえるために、荒療治として、左手の親指を、岩に叩きつけてつぶしている。

異常なまでに、肉体的苦痛には強い男である。

ほかにも驚かされる話はある。たとえば十七歳の夏、山野井はクラブの先輩である永見理夫と剱岳八ツ峰を登っているのだが、このときの出来事を、永見はこう話す。

「六峰を登ったあと、三ノ窓でビバークしたんだが、ちょうどひどい雨降りで、しかも三ノ窓では雪の上にツェルトを張るしかなかった。それでも俺は、背中に敷くマットと防寒具を持っていたから何とかしのげたが、山野井は雨具だけでマットなし。言ってみれば、じかに雪の上に寝ているようなものだった。おまけに雨が、ツエルトにしみて垂れてくる。ふと夜中に横を見ると、あいつの背中に水が流れていて、それでも平気で寝ていた。とにかくあいつは若いころから、寒さに対する抵抗力が尋常ではなかった」

にぶいのではない。山野井はじっと耐えているのである。その理由を山野井は「痛がったり寒がったりしても、何の解決にもならないじゃないですか」とさらりと言ってのける。

まだ十七、八歳の年齢にして、この強靭なものの考え方はどこから来るのか。驚かされると同時に、私はその一方で、その強すぎる「個」の、味わったであろう周囲との摩擦を想った。

幼少時代「弱々しくて、将来どうなるのか」と父親が危惧するほどだった男の子は、岩登りに目覚めた少年期をへて、このころ青年へと脱皮しようとしていた。しかしその過程では、尋常でない強さをもつがゆえの、いくつかの苦汁も味わっているようだ。

現在のような山一辺倒の生活に、山野井は中学校のころからあこがれはじめた。その萌芽は小学校高学年、立岩先生にめぐりあったころに早くも認められ、先生の旅行談を聞きながら「日本だけじゃ狭いな」「外国に行かなければ損だな」とおぼろげに考えていた。その思いはやがて、植村直己の存在を知るに及んで「植村さんのような生き方がしたい」との夢にふくらんで行く。その夢とは本人曰く「タオル一丁、金だけもって、ぶらぶらしながら外国の山を登りたい」という夢である。一方でまた、放浪願望と対になって強い岩登り志向があり、姉によれば「それまで本など読んだことのなかった弟が」当時の世界ナンバーワン・アルピニスト、ラインホルト・メスナーの本を熱心に読み、あるいは学校で使う下敷きに、マルモラーダ南壁の写真を張りつけていた。

こうした思いの背景には「普通の人生は歩みたくない」「将来は自分の好きなことをしたい」「周囲に何かを与えられるのではなく、自分の力で何かをしたい」と考える、まだ淡い自意識があった。つきつめればそれは「たとえばオオカミ少女のように育ち、それで大人になったらどうなるんだろうと考えていた。だれにも何も教わらない分、おもしろい生き方ができるんじゃないかと思っていた」と語る、並外れた自立心に行き当たる。いわば山野井は〝何物にも束縛されない奔放なまでの自由〟を、子供ながらに請い望んでいた。たとえその願望が、世間の常識や既成の価値観とは、相入れないものだと知ってはいても……。

だから山野井は「昔から、孤立していることに快感を覚えていた」。功なり名を遂げた人間が、世間や一般大衆から自分の存在を際立たせる意味で「孤高」を好むことはよくあることである。だが早くも青年期に、周囲からの孤立を望む人間は、そうそういるものではない。その価値観の「幸、不幸」は別にして、山野井は早くから、そうした自我を育んでいた。

十六歳になった春、山野井は千葉県立泉高校に入学する。中学時代の成績から見て、県立の普通高校に合格するだけでも周囲には驚きだったが、このあたりが姉が記憶する「やれば何でもできるんだ」と本人が言っていた意味の片鱗かもしれない。

とはいえ山野井にとって高校生括は「山とアルバイトをやるための」骨休めの場でしかなかった。もとより勉強などやる気はなく、また本人にとっては関心の埒外なので「文化祭や体育祭は、ひとりでシラケていた」。極論すれば「ひと並みに高校を卒業することが、せめてもの親孝行」と割り切っていた。聞きようによっては、すねかじりの身の甘ったれた考えとも受け取れるが、高卒の学歴を獲得することに、何の関心もなかった山野井にとって、学校は本心から、どうでもいいことだった。

こんなふうだから、高校での生活態度は推して知るべしである。このころの親しい友人に、平岡克広と松本洋一のふたりがいるが、ふたりは山野井の学校での様子を、こう振り返る。

「ひと言で言えば、ふまじめ。だらしない奴。あまりパッとしない生徒」と平岡は覚えている。

「(制服の)ネクタイだらだら。かばんプラプラ。ズボンもでれっとしてだらしなかった」と。また松本も「勉強はさっぱり。自分から見てもだらしない奴。何を考えているか分からない男」と記憶する。

そしてふたりに共通する印象は「これといって目立ったところがなかった」という、山野井生来の特徴である。「目立ったところはなかったが、おとなしいという印象ではなく、言ってみれば『グレないわんぱく小僧』という表現がぴったりではないか」と平岡は振り返る。

何しろ山野井は、松本ともうひとりの級友Yを加えて、クラスでは「三バカトリオ」とさえ呼ばれていた。

だが平岡と松本は、そんな山野井が決して人前では語ろうとしなかった一面をもっていたのを、ひそかに尊敬してもいた。
山野井は夜、ひとり黙々とトレーニングに励んでいた。

乖離

高校入学に先立つ三カ月前、山野井は日本登攀クラブに入会した。鋸山の事故の一件で「それでも山を続けるなら、正しい登山の技術を身につけろ」との父親の忠告を受けてのことだった。だが十五歳の中学生を、そうやすやすと受け入れてくれる山岳会はない。方々に問い合わせて断られたあげく、「事故に遭っても山岳会の責任は問わない」という念書付きで入会を許されたのが、日本登攀クラブ（以下日登）であった。

日登は知る人ぞ知る、幾多の傑出したクライマーを輩出している先鋭集団である。また〝超〟がつくほどの個人主義でも知られ、合宿はなし、新人育成のシステムもなし、それぞれが勝手にパートナーを見つけ、力量のない人間はいつしかやめていく、という不思議な会でもある。どれほど個人主義であるかは、次の逸話が端的に物語る。

「日登の連中は、それぞれが勝手に食料をもってきて、食うのもまた別々なんだ。たとえば会員が山で集まって、いざ食事どきになっても、あっちではカップラーメンをすすり、こっちではインスタントカレーを食っているというように、みんなてんでバラバラ。ま、壁を登るのに豪勢な食事は必要ないけど、普通の山岳会のように、食当が食料を準備して、ひとつ鍋をみんなで囲むというような光景は、あの会にはないな」

だがこの会の性格が、結果的に、山野井の性には合っていたようだ。

日登入会時の山野井の様子を、先輩会員の根岸利夫はこう覚えている。

「クラブの定例集会に、出っ歯の子供がおやじさんに連れられてやって来た。ごく普通の、ひ弱な子供という印象だった。こんなに小さくて、冬山などできるかな、と思ったのが、そのときの率直な感想だった」

だから根岸は今でも、「そう言えば山野井は、ハナ垂らして、おやじの袖にすがって来たよな」と言ってからかうという。

この根岸らと高校一年の夏、つまり日登に入会して一年目の夏、山野井は北岳バットレス第四尾根（三級ルート）に登っている。この山行が、山野井にとっては初めての本格的なクライミングだったが、このとき山野井は、先輩からボロクソに酷評された。根岸によればこうである。

「あいつは会員の福岡と一緒に登ったんだが、福岡にかなり怒られていたな。体力がない、ビレーの取り方を知らない、ザイルワークがなってないなど、相当にやられていたよ」

同じくこのとき、根岸らと一緒に参加した同先輩会員・小高保によれば「福岡は冗談半分に『こんなやつはだめだ』『やめさせろっ』とまで言っていた」という。

後輩をかわいく思う気持ちと技術論はおのずと別物である。本人の意気込みはどうあれ、根岸らエキスパートの大人から見れば「ハナ垂れ小僧」に過ぎない山野井の実力が「子供」の域を出ていなかったことは無理もない。だが山野井は、何かを感じ取ってもいた。

「登攀を終わって、ベースの二股に帰ったあと、福岡さんにこう言われたんだ。二股のそばにボルダーがあって『ここを登れなかったら、バットレスはお前の実力で登ったんじゃないんだよ』って。だから俺は、意地でも登ってやった」

16歳の時、北岳バットレスで初めての本格的登攀を終了して。先輩の福岡(右)と山野井

普段はにこやかな山野井が「意地でも登ってやった」と話したときだけ、思わず表情を険しくした。つまりそれだけ、大人との力量の差が、内心は相当に悔しかったはずである。

だからこそ――高校生活はプラプラやり過ごす一方で、ひとりトレーニングに励むようになったのではなかろうか。悔しさに歯嚙みする一方で、自分のいたらなさを素直に認め、ひとり夜、もくもくと鍛えるようになったのではなかろうか。そんな山野井を、平岡や松本が知ったのは、高校二年でクラスが一緒になってからのことである。

自分の未熟さを指摘され、腹を立ててひねくれることはだれでもたやすい。まだ十六歳の子供でなくても、大人と呼ばれる年齢の人間にもそうした手合いはごろごろいる。だが非を認め、自分をより高めようと努力していくことは、決してだれにでもできることではない。

小高は言う。入会当初はその程度の実力だった山野井が「ものの三カ月で、福岡を抜いたよ」と。また平岡と松本は、山野井が高校入学当初から「新聞配達を続けていた」と証言する。山に行くために、日曜日には仕事のない平日夕刊だけの配達だったが、したがって平日の放課後、山野井は友達と遊ぶこともなかった。

表面上はいいかげんに見えても、内面には固い意志をもっていた。好きなことをやるためには、何をしなければならないかを、山野井は語らず実行していた。だがそんなストイックさが、自分の思いに忠実であればあるほど、周囲の意識とは「乖離《かいり》」してもいった。

日登入会後、山野井の岩登りの腕前はめきめき上達していった。山行の多くは谷川岳に集中したが、穂高の屛風岩や滝谷、あるいは剱岳などの代表的クラシック・ルートも精力的にこなし、小高が言うように、バットレスの早や三カ月後には、谷川岳の代表的難ルート・一ノ倉沢南稜フランケダイレクト（五級）を登りきっている。そして入会三年目にもなると、明星山の五級ルートを単独で登り、さらには一ノ倉沢中央カンテ（四級）、凹状岩壁（四級）、変形チムニー（四級）などを、ザイルなしでフリー・ソロするまでになっている。ちなみにクラシック・ルートの難易グレードのつけ方は、難しい順に、六級、五級、四級、三級……となっている。

根岸は言う。「あいつの山への打ち込み方は、半端じゃなかった」と。

だがこれらクラシック・ルートの登攀に、山野井は途中から飽きていた。「どこも同じように感じられ、マンネリを感じていた」。だから山野井は「初めて行った城ヶ崎がきっかけで」高校二年の後半から、フリー・クライミングにのめり込んでいった。

ここで少しく説明しておかなければならないが、岩登りは十五年ほどまえから、フリー・クライミングとアルパイン・クライミング（クラシック・ルートはおおむねこの範疇）のジャンル分けがなされており、登攀用具、登攀技術、難易グレードのつけ方、登攀ルートの集中する岩場、そしてクライマーの意識とも、両者の住み分けが進んでいる。難易グレードひとつとっても、フリー・クライミングでは難しい順に、5・13、5・12、5・11……という付け方がされている。

フリー・クライミングとは、基本的に乾いた岩を対象に、ボルトやハーケンやアブミといった人工的補助手段を使わずに、厳密に自分の手と足だけで登るシンプルなスタイルを言う。補助手段を使わない分、技術レベルは格段に高い。だが冬山や冬壁は対象にしておらず、したがって登山というよりは、新種のクライミング・スポーツと考えてもいい。この技術・概念が発展した、米国カリフォルニア州ヨセミテ国立公園には、高さ一〇〇〇メートルに達する花崗岩の一枚岩（巨大な岩山）がそそり立ち、ショート・ルートから長大な登攀ルート（ビッグ・ウォール）までさまざまなルートが開拓されており、フリー・クライミングのメッカとなっている。

これに対してアルパイン・クライミングは、「岩、雪、氷」を登攀対象に、あらゆる自然条件を想定した、頂上を目指すための登山の技術・概念と言える。ヨーロッパ・アルプスで発展したことからこう呼ばれ、人工的補助手段の使用はある程度やむなしとされ、フリーのような厳密な定義はない。

だが両者とも、壁を登るという点については同じであるため、いつしか技術的に「どちらが上で、どちらが下か」と比較したとらえかたがされた。そのためアルパイン・クライミングは、人工的補助手段をよしとする点で、何やら時代遅れのように見なされた。たしかに今や、かつてはボルト連打で越えたオーバーハングでさえ、トップレベルのフリー・クライマーは、軽やかに忍者のように越えていく。技術レベルは神業に近い。だがしかし、それだけでは冬壁や氷は登れず、むろんヒマラヤの巨壁も登れないこともまた確かである。第一に、フリー・クライミングは快適な環境でしかも、プロテクション（確保）をしっかりしたうえで行うことを前提としているため、アルパイン・クライミングと比べると、生死がかからないという決定的な違いがある。したがって、フリーの技術を磨きつつ、アルパインを目指すのがクライマーとしては最高だと私などは考えるのだが、フリー・クライマーのなかには「アルパインはやらない」というひとが現実に少なくない。

いずれにしても、どちらを選び好むかは、本人の考え方しだいなのだが……。

「初めて城ヶ崎に行ったとき、自分がやっていたクラシック・ルートの登攀が『高いレベルの登攀ではない』と悟った」と山野井は言う。

しかりであろう。こと登攀行為の困難度に限ってしまえば、フリーの方がアルパインの数段上を行く。そもそもクライミング自体が「異質」であり「別次元」である。たとえクラシック・ルートの五級は楽に登れても、フリーでは5・10さえ登れるものではない。登れないからこそまた、おもしろみもある。山野井が「悟った」と言うほどショックを受けたのは、決しておおげさな表現ではない。

したがって以降山野井は、とりわけ高校も三年になると、城ヶ崎や小川山といったフリー・クライミングのメッカに通いつめるようになる。しかしそんな山野井の姿は、アルパイン・クライミングを至上とする日登会員の間では、根岸の言葉を借りれば「白い目で見られていた」。根岸自身もまた、このころの山野井を「フリーで遊んでいる小僧っ子」と見なしていた。

理由はこればかりではないのだが、こうした背景も手伝って、山野井は会ではなかなかパートナーを得られなかった。その代わり山野井に同行したのが、平岡や松本といった高校の同級生であり、また高校は違ったが、中学時代の親友・千脇淳だった。山野井は彼ら三人と、都心のフリー・クライマーのコミュニティーだった常盤橋公園、あるいは小川山や四方津や城ヶ崎などのフリー・ゲレンデのほか、冬の谷川岳や、時にはヒッチハイクや縦走も一緒にした。

千脇はこのころ山野井が「ヒマラヤの壁を登るためには、フリーを極めなければだめなんだ」と力説していたのを覚えている。また平岡も「フリーは過渡期に過ぎない。目指すはアルパインと言っていた」と証言する。さらに松本は「高校時代に山野井は、すでに片腕懸垂ができた」という。しかもなお、そこまで山に打ち込む山野井を「あいつが将来、ビッグになったら、俺は金の面倒を見る」と千脇が言っていたのを、平岡は覚えている。

純粋な年頃につきものの、打算のない信頼感である。

だがこれらの友人たちとも、山野井はいつしか、齟齬《そご》を来していった。

高校二年の夏、四人は八ヶ岳に縦走に出かけているのだが、ここで千脇は、中学時代とは違った山野井の一面を見た。

「ビバーク中に雷がひどくなって、夜中に山野井が『避難しなければ』と言ったんです。平岡と松本はビギナーでしたから、山野井が俺が先頭を行くと言って、自分にこう言ったんです。『千脇は経験があるんだから、後ろにつけ』って。この時初めて、それまでチーランとあだ名で読んでいた自分の名前を、山野井は呼び捨てにしたんです。自分はこの一件で、中学時代からの山野井との山は『終わったな』と感じました」

これ以降千脇は、高校を終えるまで、山野井と一緒の山行はしなかった。

また平岡も、山野井に自分の名をそれまでの愛称ではなく「本名」で呼ばれた経験をもつ。平岡は高校時代、三人のなかでは一番多く山野井と山行を共にした間柄で、じつはこの平岡が、冒頭に記した前歯損壊事故のときのパートナーだった。

八ヶ岳大同心の事故のあと、ふたりの間でこんなやりとりがあった。けががけがだっただけに、平岡は責任を感じ、両親とともに事故後、山野井家を謝罪に訪れた。

事故の経緯からして、山野井家から何らかの補償要求があるかと平岡は考え、ために平岡の両親は、ひたすら低姿勢で謝った。その間、平岡と山野井のふたりは、二階にあった山野井の部屋で、階下の様子をうかがっていた。

「そのとき山野井が、わたしにこう言ったんです。『こういう話は、こじれるんだよ』って。それを聞いてわたしは、以降山野井に、気後れを感じるようになってしまいました」

事実は平岡の思い過ごしで、山野井家では補償を要求する気などまったくなかったのだが、平岡は山野井のひと言に、自分の加害者意識をあおられた、と誤解した。以降平岡も、山野井とは谷川岳に一回行ったきりで、卒業まで一緒の山行をしていない。

日登での立場にしても友人たちとの摩擦にしても、山野井本人に何ら悪気はない。本人はじつにあっけらかんと「(結果的に他者を排除した)そんな気はまるでなかった」と否定する。その気持ちに今でも嘘はない。ただ山野井は、周囲の価値観とズレが生じはじめていることに、おそらく気付いていなかったのではなかろうか。ひとつ事を追及するあまり、自分の行為や言動が、周囲の人間にどういう影響を与えるかを、この年齢ではまだ見えていなかったと思われる。もしくは無意識に、自分の価値観以外のものを、知らず知らず否定していたのかもしれない。

是非ではない。ましてや善悪でもない。ただ周囲の人間から見て「山だけを見つめている山野井」が、遠くに感じられたということだ。

高校卒業間近、松本は山野井に対して「あいつは初めから『われ関せず』というところがあったが、『就職しないで、山をずっと登ろう』と言っている姿を見て、変わっている奴だな」と感じていた。また平岡は「考え方もやっていることも、高校の終わりごろにはついていけなかった」と言う。そして山野井本人は、担任と親を交えた進路についての三者面談で、平然とこう答えた。

「進学はしない。就職もしない。ヨセミテに行きますから」

このとき担任が「将来、ろくなものにならない」と言ったのを、母は強く覚えている。

是非ではない。自分の意志に忠実に生きたいと願う人間が、ここにいたということだ。

それからほどなくして、山野井は単身ヨセミテに旅立った。その旅立ちを、自宅に見送りに行った平岡は、山野井がそのとき、自分の名をいつもの愛称だった「へーちゃん」ではなく、「やあ平岡先生」と言ったのを今でも忘れない。

是非ではない。ただそういうことがあったということだ。

自信

高校を卒業した年の六月、山野井は四カ月間にわたるアメリカ・クライミング旅行に旅立った。

「高校を中退してでも行きたかった」フリーの聖地であるヨセミテに、例によってひとりで成田を後にした。「行けばパートナーは見つかるはずだ」と考えて。この初渡航を含めて以降三年間、山野井は毎年ヨセミテ行を繰り返すのだが、そのたびごとに、思い出深い経験をした。

初めてのヨセミテで知り合った人間に、森脇聖児がいる。森脇は、大阪在住の名クライマーで、このとき三十一歳。年齢がひと回りも違う十九歳の山野井を、こんなふうに眺めていた。

「『これしかない』という思い込みがきつかった。クライマーに特有の『独特の匂い』がした。まだほんの子供だったが、自分にとっては『かわいい』と思える少年だった」

森脇が「これしかない」「思い込みがきつい」と感じたのにはそれなりのわけがある。

山野井がアメリカに旅立つ四カ月前、つまり高校卒業を目前にしたこの年二月、母がクモ膜下出血で倒れていた。手術は成功したものの、入院は二カ月におよび、その間、山野井も付ききっきりで看病した。父親の記憶によれば、母の容体を気遣いながらも山野井は「(これでアメリカ行きがだめになるかもしれないと)かなり心配していた」という。

そんな息子を父親は、成田出発前日に、食事に誘ってその旅立ちを祝っている。むしろ母親のことは気にしないで「行ってこい」と励ました。

これが小学校の道徳で取り上げられるような寓話であれば、息子は母を気遣って、自分の夢を諦めるのがまっとうなのかもしれない。事実山野井も「うしろ髪ひかれる思いだったが、もう大丈夫と判断したので、それでふんぎりをつけて出発した」

と打ち明ける。父親が後押ししてくれたことも心強かった。それでも本人に、多少の負い目はあったはずである。親を見捨てるようにしてまで夢を追うことに、ましてや山だけの生活を送ることに、まだ確たる自信は抱いていなかったと思われる。だからこそ、「これしかない」と思い詰め、そんな山野井を森脇が「生活や家族をかえりみず、十代からひとりでフリー・クライムに打ち込んでいる姿が『自分がやりたかったことをやってるな』という意味で、自分にとってはかわいい」と思えたのではなかろうか。

いずれにしても、山野井はまだ何者でもなかった。

この年ヨセミテのキャンプ4《フォー》（フリー・クライマーのメッカ）には、十数人の日本人クライマーが来ていたが、森脇と山野井は、春先は挨拶を交わす程度のつきあいだった。「山野井は初め、単独かもしくは、（キャンプ場で知り合った）山下勝弘とほとんど登っていたようだった」と森脇は記憶する。ふたりが懇意になったのは、夏以降のことである。

ヨセミテの夏の酷暑を避け、森脇たち数人のグループが車を駆ってコロラドへ移動した際に、山野井が仲間として加わった。グループのメンバーにはほかに、生粋の風来坊クライマー・芥川尚司もいた。

「芥川さんは、すっかりアメリカに溶け込んでいて、その生活力のたくましさにあこがれた。（またヨセミテでは）鈴木英貴さんがすでに有名人で、自分も何度か話をした。自分が高校のころに名が売れていた、チーム・イカロスの富井政義さんもいた」

ヨセミテが初めての山野井にとり、目の前にフリーの殿堂エル・キャピタンがそそり立ち、またキャンプのあちこちで、名のあるクライマーたちを見かけるクライミング一色の生活は、それこそまさに「本場」を感じさせたに違いない。そして本場で登っている自分の姿に、ある種の陶酔感を覚え、ひそかな優越感も抱いたに違いない。

だがそんな山野井を、友人の千脇は、醒めた目で見ていた。「このころ山野井が、本来の性格を自分で壊したことがある」と千脇は振り返る。

高校二年の八ヶ岳縦走以来、千脇は山野井とは山行はしていなかったが、それでもふたりの交友は続いていた。だいいちに、山野井の母が自宅で倒れたとき、最初に発見して救急車を呼んだのが、この千脇であった。このとき山野井は、ヨセミテ行きの資金稼ぎのアルバイトで疲れ果て、二階の自室で眠りこけていた。千脇が訪ねてこなかったら、母はどうなっていたかわからない。

「山野井は昔から、わが道を行くというタイプで、それが当てつけがましく感じられないところがあいつのいいところだった。でもヨセミテに通いはじめたころ『自分は有名になりたい』と言ったことがある。周囲にうまい奴がいっぱいいて、そこに交じって登っている自分は『すごいんだぞ』と言ったことがある。そういう言葉を吐く山野井は、本来のあいつではなかった」

「周囲の人間がどうこうではなく、『俺は本場を登ってきたんだぞ』という気負いはたしかにあった」

山野井も今にして振り返る。

虎の威を借るキツネではないが、ささいな優劣を必要以上に誇張して見せる癖は、成長期にはだれにでもあることである。ましてまだ無名のころには、往々にしてあり得る心理である。山野井もまた、早く何者かになりたくて、しかしまだ何者でもない自分の立場・存在に、精一杯の背伸びをしていたのかもしれない。この年山野井は、ヨセミテに渡ってすぐ単独で「サラテ」（ヨセミテ有数の高難度ロング・ルート）に挑戦したもののまったく歯が立たず、ショート・ルートにしても、5・11レベルが限界だった。

四カ月の旅を終えて十月に帰国したあと、山野井はフリー・クライミングとアルバイトに明け暮れた。その甲斐あって翌年二月、城ヶ崎に「スコーピオン」（5・12 a）を開拓し、その勢いをかって、五月には再びアメリカを訪れた。八五年六月。山野井二十歳。このとき山野井は、コロラドにいた。そしてあるフリー・ルートで、トップが落とした落石を左足首にまともにくらい、またもやひどい骨折をした。しかしこの骨折は、若さに任せて突っ走る山野井にとり、むしろ天啓だったのかもしれない。

千脇はこのあと「山野井の性格が戻った」と言う。

骨折した山野井を、現地で引き取って介抱してくれた恩人を、秋間美江子という。秋間は御年七十歳を越える、在米三十年を越す知識人で、工学博士の夫とともに、コロラド州ボウルダーで静かに暮らしていた。

多民族国家のアメリカには、英語の不自由な同胞を在米の同国人が世話をするボランティア組織「ランゲージ・バンク」がある。つまり登録制の通訳で、秋間もこ

初めてのヨセミテから帰ったあと、城ヶ崎でスコーピオン(5.12a)を初登攀した

の一員になっていた。そして八五年六月、地元の病院から電話が来て「英語のできない日本人がいるから来てくれ」と呼び出されて出向いてみると、そこには山野井が、左足を吊った状態でベッドに寝かされていた。

「ぶっきらぼうな子だった」と秋間は言う。アメリカの病院は、日本とは医療保険制度が異なるため、まず患者に支払い能力があるかないかを聞かねばならず、秋間もまた、つっけんどんに要点だけを山野井に問いただした。

ふたりのやり取りは、たとえばこんなふうだった。

「父親は？」

「会社員だ」

「親に伝えるか？」

「伝えないでほしい」

「それはなぜ？」

「……」

「では、だれが医療費を払うのか？」

「……これ以上、親に迷惑はかけられない」

この時点でもまだ、山野井が親に対して負い目を感じていたことは、この一件からも読み取れる。いざ何かあったとき、自分が結局はまだ、親に頼らざるを得ない半端者であることを思い知らされた「忸怩《じくじ》」が読み取れる。

ぶっきらぼうな子ではあったが、むしろそんなところが秋間には気に入ったようだ。秋間にいわく「本当に好きなことをやって、こうなったんだ。『だから何が悪い』という感じだった。あの子には、他人に気に入られようとする、媚びたところがなかった」という。また山野井はのち『岩と雪』に書いた記録のなかで、このときの心境をこうつづっている。病院に見舞いに来てくれたクライマー仲間の手に、チョーク（滑りどめの粉）跡がこびりついているのを見て「生まれて初めて悔し涙を流した」と。

思い詰め、強がって、相当に片意地を張っていたことがうかがえる。

アメリカの病院は、手術を施したあと、何もなければ通院が原則である。山野井の骨折は、英語でサウザンド・ピーシズ（千箇所の骨折）というほどの複雑骨折だったが、骨折部の骨を除去し、金属の板をはめこまれたのち三、四日もすると、ギプスを足の付け根まで固定された状態で、退院を命じられた。秋間の自宅が療養先になった。

その後七週間近く、山野井は秋間宅で療養生活を続けるのだが、「ぶっきらぼうな子」は、その間に意外な一面を何度かのぞかせた。秋間によれば、たとえばこうである。

「食事をすると、あの子は心の底から『あ〜、うまかった』と本当の気持ちを表した」

「左足が伸び切っていて、寝返りさえ打てない状態なのに、暇さえあれば、『ドーナツ』(握力強化器具)を握っていた」

「(夏場にギプスをはめられて)痒いと言ったことはあったが、ついにひと言も『痛い』とは言わなかった」

「落石にあったとき、どういう状況だったかは話したが、パートナーの名を、わたしには絶対に明かさなかった」

根は素直で我慢強く、自分の不幸を他人のせいにしない。しかも強い目的意識をもって生きている。「この年頃の子供にしては、しっかりした子だな」と秋間は思っていた。

ギプスをはめた足で岩場へ。コロラドのエルドラド・キャニオンにて

この七カ月間、山野井はどういう心境だったのか。本人は多くを語らない。周囲から漏れ聞こえてくるのは、たまたま秋間宅にホームステイしていた女子留学生に、ほのかな恋心を抱いたらしいということぐらいである。何かが、多少は和らいだのかもしれない。

そんなおり、「どうしても岩を見たい」と山野井が言ったので、秋間は車で山野井を郊外に連れ出した。その時の光景が「目に焼き付いて離れない」と、秋間はしみじみ言う。「そうしたら、あの子は岩に松葉杖を押し付けて、見るからに無念そうに『あ〜』と言って悔しがっていた。その後ろ姿を見て、わたしはこう思ったものでした。『この子は本当に、岩にほれたんだな』と」。

＊

ひとがひととして成長していくには、多くの他者とのかかわりあいがある。そうした経緯のなかで、決して独善に陥ることなく、常に自分を見つめ直していくことが、とりわけ成長期には欠かせないのではなかろうか。

帰国を目前にした七週間後、山野井は世話になった病院関係者と食事をともにした。なけなしの金をはたいて、感謝の意を込めて。
何を学び、何に諫《いさ》められ、はたして何かが変わったのか……。
このころ山野井の「自我」は揺れていた。

第四章
登る意味

岐路

山野井はしばしば「刻み」という言葉を口にする。山登りはステップ・バイ・ステップが肝心で、したがって刻みが大きすぎると「命が危ない」と。だが彼の二十代前半のクライミングは、大きすぎる刻みそのものだった。それでも一般的には、傑出したクライミングと目される成果を残した背景には、人間としての「内面の刻み」があったようである。

八六年五月。左足の骨折が癒えた山野井は、三たびアメリカに旅立った。すでに二十一歳で、フリー・クライミングの旗手として国内では名が知られはじめていた

ヨセミテの象徴エル・キャピタン

が、彼が本当に、クライマーとして勇名をはせていくのは、この三度目の旅がきっかけだったのかもしれない。このとき山野井は、ヨセミテに渡ったのち、一年五カ月をかけてアメリカ、ヨーロッパを放浪し、その間にすばらしい記録を残している。

ヨセミテでまず、当時フリーの最難グレードであった5・13ルートのひとつ、「コズミック・デブリ（5・13ａ）」を登り、次いでビッグ・ウォールのロング・ルートへと目標を変え、エル・キャピタン南東壁「ゾディアック」、さらには翌年、同じくエル・キャピタン南西壁の「ラーキング・フィア」単独第三登に成功した。ラーキング・フィアの直前には、コロラド屈指の5・13ルート「スフィンクス・クラック（5・13ｂ）」をも陥し、ラーキング・フィアの単独とあわせて、クライミング界で高い評価を受けた。すると今度はその足で、単身ヨーロッパに渡り、標高差一二〇〇メートルの大岩峰、ドリュ西壁「フレンチ・ディレッティシマ」の単独初登を果たしたのである。この間の経緯は、本人が帰国後につづった記録（『岩と雪』一二五号、一九八七年）に詳しく述べられている。

それにしても、輝かしい記録には違いないが、ひとつ気づかせられることがある。十九歳で初めてヨセミテを訪れて以降三年間、山野井はフリー・クライミングだ

ゾディアック登攀後、大量のギアを整理する

けに没頭した。しかもそのほとんどが、コズミック・デブリに代表されるショート・ルートであって、登攀に何日もかかるビッグ・ウォールはおろか、岩と氷のアルパイン・クライミングは、まったくやっていなかった。そんな人間が、いかにフリーの最難ルートを陥したとはいえ、いきなりビッグ・ウォールに単独で向かい、さらにはアルプス屈指の難ルートに単独で挑むという図式は、それこそ本人が言う「大きすぎる刻み」以外の何物でもない。

ただの幸運だったのだろうか。それとも若さゆえの怖いもの知らずだったのか。もしくはそれだけ「自信」があったのか。思うに私は、大きすぎる山のステップの一方で、彼の内面では、確実なステップが刻まれていたように思えてならない。

三度目のアメリカへの出発前夜、山野井は父親からこう諭《さと》されている。

「たしかに旅費や山用具の金はお前が自分で稼いでいるが、家にいる間の食費や洗濯などの面倒はだれがみていると思うんだ」

父親は言下に「甘ったれるのもいいかげんにしろ」と苦言した。「好きなことをやるのはいい。だが本気で続けるのなら、すべて自分の力でやり遂げろ」という教えを込めて。そして翌日、いつものように父親が成田空港まで車で送ったときに、息子はこう言った。

「おやじ、俺が悪かった。俺の考えは、間違っていた」

父と口論した前夜、山野井は何を考えたのか。成人と言われる二十歳を越えてなお、いまだに親のスネをかじっている自分の態度をどう考えたのか。おそらくこの一件が、一年半にわたるクライミング放浪の「心の鍵」になっていたのではないかと私は考える。

今回のアメリカ・クライミングツアーには、平山裕示（通称ユージ）が同行した。ユージは言うまでもなく、のちに世界のトップ・フリー・クライマーに成長する〝フリーの天才児〟である。山野井より四歳年下で、このとき十七歳。高専を休学しての同行であった。

ユージがフリーに熱中しはじめた十五歳のころ、ユージにとって山野井はすでに「話題のなかのひとだった」。このころ首都圏の若手フリー・クライマーたちは、毎晩のように都心のオフィス街の一角にある常盤橋公園の石垣で汗を流しており、またその近くにあった喫茶店「アトム」にたむろしていた。「クラックがうまいという噂は聞いていた」山野井をユージが初めて知ったのも、ここ常盤橋でのことだった。クラックとは、厳密には岩の裂け目のことを指す。ただこの場合は、そのクラックを利用して、壁を登る技術全般を含んでいる。

ユージが初めて見た山野井は「カドがない」「クセがない」「おもしろい話し方をするひと」で、出会った最初から、ふたりは意気投合した。当然ヨセミテのことも話題にのぼり、山野井が当たり前のようにまた行きたいと言えば、ユージも口をそろえて「俺も行きたい」とあいづちを打った。その後ふたりが、城ヶ崎で一週間をともに過ごしたときに「本気で行こう」とユージの思いは固まった。

五月にヨセミテに渡って以降、ユージはほとんど山野井と行動をともにした。日本人クライマーはほかにも結構いたが、ユージにとって山野井は、いわば本場ヨセミテの先輩であり、またクライミング旅行の師匠でもあった。

ユージは言う。「食事やテントを別にするなど、長い間の共同生活の『摩擦』を解消する方法を教わった」と。「クラックの登り方は、山野井さんを見て覚えた」と。またこのときふたりは、コロラドの岩場を登りにいったついでに、前年お世話になった秋間宅にも立ち寄っており、秋間によれば「まだ子供っぽい平山が私に怒られると、山野井がかわりにすみませんと言って、平山をかばっていた。山野井は平山を、すごくかわいがっていた」という。

そんなユージが山野井の様子を見て、最初は不思議に思っていたことがある。

「食事はだいたいチャーハンかパスタなんですけど、山野井さんのは、量がすごく少ないんですよ。最初はただ単に、このひとは、金をけちっているのかと思ったほどでした」

だがのちにユージは、「あれは体重を減らすために、食事を制限していたんだ。すべては、コズミック・デブリを登るために」と気づくことになる。

今回の山野井の最大の目的は、当時の世界最難グレード「5・13」を登ることだった。そのために選んだルートがコズミック・デブリで、左上するクラックが主体のこのルートは、おもに右足で踏ん張れるため、左足首を骨折した自分には最適だと考えていた。

ヨセミテに渡ってすぐの五月、山野井はいきなりこのルートに挑んでいる。だが三日間をかけた結果は「メタメタに終わった」。その後車を駆って、コロラド、ワイオミング、オレゴンなどの岩場を回ってのち、再び秋に、ヨセミテに戻って再挑戦した。

ビレー（確保）をしたユージによれば、デブリに向かう山野井の様子は「登れなかったら、どうにかなってしまうという感じ」に映るほど思い詰めていたという。「楽しむというより、厳しくとらえている感じがした」と。それほど山野井は、この挑戦に賭けていた。

「登りたいんだ。登りたいんだ」「行け、行け」と山野井は記録に書く。そして四日間にわたる執念のトライの末、ついにコズミック・デブリをリードすることに成功する。手は血だらけで、左足には吐き気がするほど激痛が走ったが、それこそ高校時代から「フリーを極めなければだめなんだ」と言っていた、念願の最高グレードを手に入れた。思い入れの期間にして約三年、「本当に登りたかったから」こそ、これまでにないわき上がる満足感を覚えた。山野井は記録に「ついに三年間の夢がかなった」とまで書いている。

がその5・13を、山野井がそれほどまでに固執した最難グレードを、十七歳のユージは、たったの二日で登りきっている。

クライミング・ツアーに参加するだれしもが、数カ月をかけて段階を追ってグレードを上げていくとはいえ、山野井と平山の「のべ一週間と二日の差」は、山野井の左足首骨折というハンディを差し引いても、とうてい埋め難い、歴然たる「差」である。もっとはっきり言えば、「一流」と「超一流」を隔てる、越えるに越えられない「壁」である。

天才は天才を知るというように、ひとつ事に傑出した才能をもつ人間は、また同様に、自分を上回る才能をも敏感に感じ取るものである。山野井は事実、四歳年下のユージに「こいつには勝てないな」という思いを抱いていた。「自分が何日もかけたルートを、二日ぐらいで登ってしまう」ユージの才能に「ちょっとショック」を受けていた。

ちょっとだろうか。相当なショックだったのではなかろうか。誤解を恐れずに書くならば、飼い犬に手を噛まれるほどの「落胆」だったのではなかろうか。まして日々、ユージの才能を見せつけられていく仕儀は、自分の自尊心を傷つけられるしだいではなかったか。才能に自信をもつ人間が、自分をはるかに超える才能を間近に見せつけられることほど「打ちのめされることはない」と私は考える。

ツアーの後半、「(山野井がしだいに)口数が少なくなっていった」とユージは覚えている。ユージは内心「ひょっとしたら、俺のせいもあるのかな」とは感じていたが、自分の目から見て「やる気がなくなっていった」山野井を、まだ理解できる年齢ではなかった。

山野井は言う。「(ショート・ルートばかりの毎日に)飽きがきていた」と。また山野井はのち、日登の先輩である根岸利夫に「骨折のため、極限のムーブが俺にはできない……」と漏らしている。

どちらの優劣を言いたいのではない。むろん山野井にしたところで一流のフリー・クライマーである。その並外れた技術と意欲は現在もなお維持し続けている。ただこの時期に山野井が、本格的なアルパイン・クライミングへ踏み出すことになったきっかけに、念願の5・13の獲得と、平山裕示の存在があったことを、本人も否定しないということだ。

突き抜ける喜びと、目標を達成したあとの虚脱感、さらには一抹の苦さ……。それらがあいまって、山野井は三年間熱中していたショート・フリーに自分なりの区切りをつけ、真の目標である、アルパイン・クライミングに踏み出したのかもしれない。

このあと山野井は、たまたまヨセミテに来ていた日登の会員・岩田堅司を誘い、自身にとって実質上初めてのビッグ・ウォールである、エル・キャピタン南東壁「ゾディアック」に成功した。

「それまで本番でハーケンを打ったこともなく」「岩壁でのビバークも初めて」だったが、岩田によれば「恐ろしく難しくて、テクニカルで微妙な人工登攀」を、山野井は持ち前の強靭さで登りきっている。だがゾディアックは、コズミック・デブリほどの感激はもたらさなかった。本人が書いた記録にも「荷揚げ、ユマーリング、ピトン打ちと、すべてが楽しく感じられた」と、ひどくあっさりあるだけだ。

新鮮ではあったろう。だが何かが物足りなかった。デブリのような、突き抜ける感激が。

その意味を本人が知り、再び同様の感激を味わうことになるのは、翌年のラーキング・フィアでのことである。

約半年間の、内面の刻みをへて……。

浮浪者のような

金がなくなっていた。ゾディアックを終えた時点で手持ちの滞在費が底をついていた。これまでの二回は日本に帰り、そのつどアルバイトで資金をためて出直すのが常だったが、今回は出発間際の父親とのいきさつもあり、山野井はひとりで生きることにした。そんな自分の姿が、あこがれの植村直己に近づいているようでもあり、むしろ心ひそかに「快感」も覚えていた。山野井は半年間、現地で仕事をしてこつこつ金をためた。

このアメリカでの半年を山野井は、半ば愛憎入り交じった言葉で表現する。「行動はコミカルだったが、でも内心は……」と言葉を濁して。その相反した口調の内奥に、彼の葛藤がにじみ出ている。

ロサンゼルスのチャイナタウンで見つけた仕事は、中国人が経営する中華料理店の雑役係だった。もちろん不法就労のため、足元を見透かされての安働きで、しかし給料に文句が言える立場ではなかった。

厨房の下働きとはいえ、一応コックをまねた白い制服があり、また時には客のテーブルに料理を運ぶ仕事も言いつけられたため、体は常に清潔にしていなければならなかった。だが初めの一カ月ほど、金がないためアパートを借りることもできず、夜は車で寝泊まりした。昼間は料理店で働き、夜はロサンゼルスから車で一時間ほどの距離にあるボルダー・エリア（ストーニー・ポイント）へ行って、ひとりで夜空を眺め暮らした。

そんなありさまだから、風呂など入れるわけもない。そこで山野井は頭をひねって、仕事を終えると何食わぬ顔で高級ホテルに入って行き、トイレでこそこそ体を拭いた。幸か不幸かそのころすでに、何度か盗難に遭って服が一着しかなかったため、行動はしごく身軽だった。身軽ついでに、パンツさえ履いていなかったので、トイレで〝フルチン〟になるのもわけがなかった。

洗髪、用便、体拭きと、まめに五ツ星ホテルを利用した。

不潔を理由にクビになっては困るので、体こそきれいにはしていたが、かたや一張羅のTシャツは、見るからにボロボロだった。おまけに洗濯が面倒なので、それはいつしか饐《す》えた臭いを放っていった。「洗えばいいものを」と思うかもしれないが、乾いた服でホテルに入っていき「いかにも洗ってきました」とバレるような濡れ姿で出て来ては素行を怪しまれるので、さすがに洗濯は諦めた。臭いたつTシャツは、日に日に垢じみていった。

いみじくも本人は「普段着の自分の体臭は、それこそ浮浪者に近かった」という。金を惜しんで服は買わなかったが、股間のうずきは我慢しきれなかった。職場の同僚のメキシコ人と連れ立って、いかがわしい場所にいそいそ出かけ、若い盛りの性欲だけはしっかり発散させた。だがその一部始終を、メキシコ人に職場でバラされて、当たり前のことだが赤っ恥もかいた。

「まったく山野井は、しょうがない子だわね」と冷やかす職場の女性陣に「しょうがねえだろ、男なんだから」とうそぶいていた。

また車で寝ていたある日、四人組の黒人に寝込みを襲われ、ナイフで腹を刺されたあげく、車に積んであったクライミング・ギアと貴重品を盗まれもした。幸い傷は大事に至らなかったが、山では強靭な山野井もこのときばかりは、正真正銘、「腰が抜けて動けなかった」。もし大金でももっていたら、それこそそのままお陀仏だったかもしれない。

こんなドタバタを、山野井はひょうきんな口調で笑い話に変える男である。だが一方で、ポツンとこうも漏らした。

「金はない。まわりは危ない奴ばっかりで、風呂も入れない。しかも不法労働で、安働きで……。アメリカの生活が、一番つらかった」

その響きに私は、ふとこう思った。

山野井がアメリカの生活で味わったのは、自分という存在の「ちっぽけさ」ではなかったろうか。自分という人間が、社会の底辺をうろついている存在でしかないと思い知らされる「わびしさ」や「心細さ」ではなかったろうか。山野井はこの時点まで、本当の意味で自力で生きた経験はなかった。どんなに無鉄砲な行動をしていても、彼には常に帰る家があり、家には迎えてくれる家族がいた。打算に満ちた社会でもまれ、周囲は他人ばかりの冷酷な人間社会のなかで「ひとりで生きた」経験は彼にはなかった。

孤独だったと思う。無性に寂しくなる一瞬が必ずやあったと思う。たとえば植村直己が『青春を山にかけて』で書いているように、皆がクリスマス・パーティで浮かれているときに、自分だけ粗末な小屋でただひとり、パンをかじっていた瞬間のように……。

しかし反面、そういう孤独な時にこそ、ある意味で真実が見えるものである。後ろ盾となるものや、見栄や虚飾がない状況だからこそ、本当の自分が見えるものである。自分はどういう存在なのか、自分が心から求めるものは何なのか、自分の進むべき道はどこなのか、などなどを、真剣に考えるものではなかろうか。

山野井は言う。「仕事をしていて、まわりにクライマーの仲間はいなかった。それでも自分は、エル・キャプを登ることを夢見ていた」と。さらに続けて「アメリカでのつらい生活に耐えられたから、それからあとは、何をやっても生きていける自信がついた」と。

おそらく山野井は、このとき初めて「なぜ岩を求めるのか」を、確かなものにしたのではなかろうか。だれに注目されていなくても、たとえ社会的には無価値であっても、自分の内なる衝動の「登りたいから、登るんだ」という単純な哲理に、素直にうなずけたのではなかろうか。

このとき山野井は、山と自分をつなぐ何かを、改めて知ったのではなかろうか。

だから山野井は、このあとスフィンクス・クラックとラーキング・フィアで、相反した感慨を味わうことになる。

八七年三月。四〇〇〇ドルをためた山野井は、仕事を辞め、コロラドへと車を走らせた。前年秋に登ったコズミック・デブリが、その後5・12にグレードダウンしたという噂を耳にしたためだった。フリーを極めたいと願っていた山野井にとり、5・13を登っておくことは譲れない一線だった。そのためコロラドの、デブリ同様左上しているクラック・ルートである「スフィンクス・クラック」をひとり目指した。

結果は登った。アルバイトをしながらも、5・13を登れるだけの体力・技術は維持していたために、意外にすんなり登れた。だが登りきったあとの感慨は、とうていデブリには比ぶべくもなかった。山野井は記録に「喜びはない。ただ、仕事がひとつ終わったという解放感だけだった」と書いている。思い入れのないままに、単にグレードを追うことの「空しさ」だけが残ったクライミングだった。

これに比べラーキング・フィアは、つらい生活に耐えていたころも心を離れなかった「どうしても登りたい」と思える目標だった。自分の内なる衝動の、まさに純粋な対象だった。だから車が壊れても、コロラドからわざわざ長距離バスを乗り継いで、だれを誘うこともなく、だれに打ち明けることもなく、独りで無心に取り付いた。

そんな山野井の姿には〝孤舟〟というような寂寥感さえ漂ってくる。

山野井は記録に、アタック前夜の心境を「自分がエル・キャプから落ちて地面に叩きつけられ、手足がバラバラになってしまうことなどを想像してしまって、なかなか眠れない」と書く。それでも六日間、憑かれたように頂上を目指した。

ラーキング・フィアは、困難なエイド(人工登攀)を含む全十八ピッチ。今でこそ、エル・キャプのエイド入門ルートとも言われるが、当時の山野井にとって、標高差一〇〇〇メートルにもなる垂直の登攀は、苛酷を極めた。本人の意気込みを象徴するように、予定の予算ぎりぎりまでクライミング・ギアを買い込んだため、荷揚げ用のホールバッグはザックで代用し、シュラフ・カバーにいたっては、ビニール袋を継ぎ足したペラペラのものだった。一ピッチ登ってはザイルを固定し、懸垂下降したあと、そのザイルを使ってユマーリングで荷揚げするという気の遠くなるような作業を、根気よく毎日繰り返した。そして六日目、ついに頂上に抜けるのだが、最後は思わぬフィナーレとなった。

記録はこうつづっている。

「何時間ぐらい寝ただろうか。外の様子がへんだ。顔をだしてみると、雨が降りだしている。シュラフ・カバーの代わりをしていたビニールもすでに穴だらけで、そこかしこからどんどん雨が入ってくる。三〇分ぐらいでウェア類もビッショリ。体の震えが止まらない。気温はどんどん下がる。風も強くなってきたと思うと、ついには雨が雪にかわってしまった。(中略)午前三時ぐらいだろうか。まだあたりは暗く風雪はひどいが、登りはじめる。タイト・フィットのフィーレはガチガチに凍りつき、履くことができない。(中略)残すは5・10の一ピッチだけだ。そこは猛烈な滝に変わっていた。雨が一気にこのピッチに集中している。体は強烈に寒いが、二〇メートルほど上はもう稜線のようだ。気合を入れて滝のなかに突っ込む。氷水に打たれながらフレンズの掛けかえで前進。稜線まであと五メートル。そのとき急にメイン・ロープがあがらなくなった。チクショー、寒くて頭がおかしくなりそうだ。必死でメイン・ロープを外し、バック・ロープだけで雪のついた壁を登る。気がついたときは垂直の世界から抜けだし、手を放しても安全な稜線に達していた」

本人の言葉によれば「発狂しそうなほど寒かった」が、しかし心は、歓喜に打ち震えていた。

一九八七年五月一日、ラーキング・フィアの単独第三登は、山野井初期の、記念すべきソロの金字塔であった。「ひとりで稼いで、ひとりで生きて、本心から登りたいところを登った」という意味で。

だが好事魔多し。山野井は再度ドリュ西壁で、スフィンクス・クラックと同じ「轍」を踏むことになる。

墜落

ラーキング・フィアは山野井にとり、山のステップを考えた場合、次なるアルパイン・クライミングの第一目標である、アイガー北壁「ギリニ＝ピオラ直登ルート一九八三」の前哨戦に過ぎなかった。だがフランスはシャモニのキャンプ場にたどりついてみると、自分でもはっきりとわかるほど「スフィンクス・クラックとラーキング・フィアを登ってきた山野井」という風評が漂っていた。

自分が知らないうちに、クライミング界で自分の存在が高い地位に位置づけられていて、しかしまだ二十二歳の山野井には、その心地よさをコントロールする術は身についていなかった。

またある意味では滑稽な話だが、山野井がアイガー北壁ギリニ＝ピオラ・ルートを目標に据えた理由は「当時のヨーロッパ・アルプスで、一番難しいルートのひとつ」という単純な動機に過ぎなかった。したがってシャモニには来てみても、本人の頭のなかにはアルプスの地理概念さえなく、はなはだしきは、ドリュ西壁をアイガーの最終トレーニングに選んだのも「目の前に見える山と言えば、せいぜいモン・ブランかドリュぐらいしかなかったので……」というあまりにあっけない理由が大部分を占めていた。

「それと、周囲からそんな目で見られていたので『へたなところは登れないな』という思いが頭の隅にあった。それに、いざどこを登ろうかと考えたとき、ついつい自分の得意な分野を優先させてしまった。今考えると、せこい初登をやるよりは、もっとミックス壁（岩と氷が交錯したテクニカルな壁）のきっちりしたルートを登るべきだった」

本人もそう言うように、これはその後に多くの経験を重ねた現在だから言える言葉である。だが当時の山野井は、スフィンクス・クラックで味わった空しさを忘れて、周囲の視線を気にし、是が非でも登りたいという強い思い入れのないままに、自分が得意とする「岩々したルート」であるドリュ西壁を、漫然と目標に据えてしまった。

したがって当然、そのしっぺ返しは強烈なかたちでやってきた。ただ幸いだったのは、たとえ動機は曖昧であっても、ひとたび山に向かうとなると山野井は、精神的にも体力的にも、常人にはまねのできないたくましさを発揮することだった。

お互いひとりでやって来たのが縁で、シャモニで山野井は、斎藤直と知り合っている。斎藤はこののち、山野井に誘われて日登に入会し、会の代表を務めることにもなる人物である。山野井とは対照的に、どちらかと言えば物静かで内省的で、だから山野井は「自分が単独初登をねらっているときに、名もない山を黙々と登っていた」斎藤に、何か教えられるものがあったという。

ドリュ西壁のアタック日は七月二日。ルートはクラックが主体の「フレンチ・ディレッティシマ」を選択した。六月末、山野井はクライミング・ギアを取り付き下部にデポ（前もって荷揚げ）し、キャンプ場で天候の回復と心の高まりを待った。

ドリュ西壁全景。フレンチ・ディレッティシマはアイガーへの最終トレーニングのつもりだったが……

斎藤によれば、アタック前日の七月一日、山野井はかなり緊張していたという。

「さすがに落ち着かないらしく、山野井は一日中、ウォークマンを聞いて過ごしていた」

明けて二日。天気は申し分のない快晴。斎藤は山野井を見送りに取り付きまで同行した。デポ地点のボナッティ・クーロアールから、フレンチ・ディレッティシマの取り付きまではまだ、斜度五十度くらいの凍ったクーロアール（溝状の登路）が残っていた。

そのときの光景を、斎藤は今でも鮮明に覚えている。

「じつはそのとき、デポしたギア類を、自分はもってやらなかったんですよ。全部で三〇キロは超えていたと思うのですが、山野井は見るからに、がっかりしたような、なんとも言えない表情をしていました。おそらく自分が、半分くらいはもってくれると内心は期待していたんでしょうね。もしかしたらやめるかな、とも思ったほどでした。

でも自分が先に上がって待っていると、山野井が奇声を発しながら、一歩一歩ゆっくり登ってくるんです。いくらラーキング・フィアを登ったとは言っても、その

重荷を背に取り付きのクーロワールを登る

ころの山野井には、まだ本当のクライマーの体力や技術は備わっていなかったと思います。第一あいつは、そのころ氷が苦手でしたからね。でも山野井は、気力で登ってきたんです。ゆっくりだけど、着実に。その姿を眺めていると、なんて言うか、自分はちょっと感動してしまいました」

動機の曖昧さはどうであれ、山野井にはこのころすでに、他人に感動を与える何かが備わっていたのではなかろうか。強いて言えばそれは、自力で事をなすことの「強さ」と言えるのかもしれない。もっと言えばそれは「ソロ」の原点かもしれない。〝単独〟ではなく、限りなく〝ソロ〟の響きに近い、透徹した「自力」と言う意味の……。

だから斎藤は、山野井が取り付きのテラスまで上がってきたときはもう「登ったも同然だな」と考えていた。見送った山野井は「鼻歌まじりに、一ピッチ目を登っていった」という。

しかし外見とは裏腹に、山野井の内面は漫然としたままだった。鼻歌まじりに取り付いた調子で、七月二日、三日、四日と順調にピッチを延ばしていっても、ラーキング・フィアのような「じっくり取り組んだ」思い入れのある登攀とは程遠かった。フレンチ・ディレッティシマそのものは、十八ピッチ、ドリュ全体の終了点まで含めると全二十四ピッチ。クライミングを楽しむというよりも「早く壁から抜け出したい」という思いが強かった。標高差一二〇〇メートルの大岩壁が、何度も登り返しを繰り返さなければならない重労働が、さらには登ったのち、自分には未知である初見のルートを懸垂下降しなければならない不安という重圧が、重くのしかかっていた。下降ルートへの不安を除いて、登攀行為そのものはラーキング・フィアと大差なかったが、登っている最中の充実感は、それこそ雲泥の差であった。

第一に意欲を欠き、第二にクライミングを楽しめず、第三に常に不安を抱えて登っていたために、ある突発的な事件がきっかけで、山野井の気力は急速にしぼんでいった。

登りはじめて四日目の登攀最終日、フレンチ・ディレッティシマも残すところわずかの垂壁で、山野井はクライマーの墜落を目の当たりにした。同ルートすぐ横の、アメリカン・ディレッティシマを山野井同様単独で登っていた欧米人クライマーが、目の前で墜落したのである。

まず衝撃音がすごかった。続いてクライマーの様子を見てみると、顔面を血だらけにしてザイルにぶら下がっていた。ついさっきまで、声を交わしていた壁の僚友が、ソロの「負の現実」を間近に見せていた。言うまでもなく、常に死がすぐそこにあることを。

幸いそのクライマーは命を落とさずに、山野井に「がんばれよ」とエールを送って懸垂下降で下っていったが、山野井の心は「もう下りたい」と思うほど動揺した。そしてその動揺が、体を一気に強ばらせ、さらには注意力をも散漫にさせた。

しっぺ返しがきたのはそのときだ。

山野井も落ちた。アメリカン・ディレッティシマのクライマーを見送ってすぐに、体重をかけたハーケンが、リスから抜け落ちた。次のハーケンも、クラックに食い込ませた頼みのナッツも、落ちる自分とともに次々抜けた。私の経験からすれば、落ちていく数秒間は極めて冷静なものである。目の前の流れるザイルが、あるいはすぐそこの岩角さえもが、異様にはっきり見えるものである。しかしそれだけに、頼みのビレーが次々抜けて行く様は、自分の命が尽きゆく過程を見ることになる。そしてもし、最後のビレーまでもが吹っ飛べば、それは取りも直さず、死の宣告を突き付けられたことになる。

生きながらにして、自分の死を宣告される恐怖。これほど恐ろしい現実があるだろうか。

運だったのだろう。墜落そのものは一〇メートルほどで済み、最悪の墜死はまぬがれた。だが体は止まったが、山野井の思考もまた、真っ白になるほど凍りついていた。

記録には「俺は放心状態になっていった」とある。

それでも何とかフレンチ・ディレッティシマを切り抜け、アメリカン・ダイレクトと合流してのち終了点に達し、下降はトマス・グロスルートを懸垂下降した。すぐ目の前の、頂上は踏まずじまいだった。

シャモニに帰ってのち、斎藤らキャンプ場の仲間は山野井の「単独初登」という快挙を祝福したが、斎藤によれば山野井は「落ち込んでいた」という。

「落ちて、怖くなった」

山野井がそうつぶやいたのを斎藤は覚えている。

コズミック・デブリもスフィンクス・クラックも、さらにはラーキング・フィアもドリュ西壁も、一般的には同列に語られる場合が多い。いずれも山野井の「傑出した登攀だった」として。だがこれらの登攀は、本人にとってはそれぞれが異なる意味をもっていた。山野井は言う。単独初登の栄冠がかぶせられたドリュの成功を「無駄な行為をしてしまったか」と。漫然と登ってしまったことを、頂上を踏まなかった経緯を、今でも、恥じて悔やむ。「あれは、ちゃんとしたソロではなかった」と。

気取っているのではない。格好をつけているのでもない。おそらく山野井は、知ったのである。

「思い入れのないクライミングは、おもしろくない」ことを。

すなわち、自分が山に登る意味を。

その真の意味を求めて、山野井はこのあと極限のソロ〝トール西壁〟に挑むことになる。

斎藤直(右)と、シャモニのキャンプ場で

第五章
トール西壁

巨　壁

それはまさに〝怪物〟と呼ぶにふさわしい威容を誇って極北の大地に立つ。壁の標高差、じつに一四〇〇メートル。この高さがどれほどのものかと言えば、たとえば穂高の屏風岩が、最長の登攀ルートでも標高差三〇〇メートル前後に過ぎないことを考えあわせれば、そのスケールの巨大さが知れるというものだろう。しかもなお、周囲に比べるものが何もない独立峰であるだけに、その超弩級の迫力は見るものを威圧する。さらにまた怪物は、顕著なバンド（岩棚）で三段に分かれており、その上部岩壁（ヘッド・ウォール）全体を、あたかも足元の渓谷を睥睨《へいげい》するかのように、オーバーハングさせて中空に大きく迫り出しているのである。

北極圏の荒涼とした大地から、高さ一四〇〇メートルに達するオーバーハングした絶壁が一気にそそり立っている巨大な岩塊――それがトール西壁である。

トールへのキャラバン途中、西壁のヘッド・ウォールが初めて丘越しに垣間見えたときの感想を、このとき山野井に同行したシャモニ以来の友人・斎藤直はこう語る。

「地面から、入道が頭を突き出したように見えた」

どんより曇った極北の空を背景に、鎌首をもたげたようなひときわ巨大な岩塊が、忽然と視界に飛び込んできた……。

想像に難くない不気味さではなかろうか。

カナダ北極圏バフィン島、カンバーランド半島に点在する巨壁の数々。おそらく太古の昔、極北の氷河が削り取ったのであろう荒涼としたU字谷の両岸に、それこそ大地から生え出たような岩塊がそそり立っている。たとえばアスガード、フリガ、ターンウェザーなど、それぞれ山の標高こそ二〇〇〇メートル足らずとはいえ、いずれも標高差一〇〇〇メートル前後の壁をもった岩峰である。なかでもトールの西

北極圏の荒涼とした大地から、高さ一四〇〇メートルに達するオーバーハングした絶壁が一気にそそり立っている巨大な岩壁――それがトール西壁である

壁は、ひときわ図抜けた威容を誇ってそびえ立つ。

「トールは高さだけでなく、横にもでかくて、ほかの壁とは全然違った。頂上岩壁あたりが、まるでグラグラ揺れているようで、まともに見ていられなかった。ひと目では壁全体を見切ることができなくて、見ていると目がクラクラするほどだった」と斎藤は言う。同じく斎藤によれば、山野井はトールをひと目見て「エル・キャプよりでかい」と思わず口走り、またベースキャンプを建ててのち、日に日に口数が少なくなっていったという。

でか過ぎる——これが偽らざる心境ではなかったろうか。

山野井がトール西壁の存在を知ったのは、今回のソロに先立つ四年前の八四年、西壁の初登攀を成し遂げた日本人パーティ、米井輝治らの記録によるものだった。米井は山野井のクラブの先輩で、入会時期が異なるため深い面識はなかったが、山野井はまず、米井らの記録に触発された。さらに翌八五年、アメリカの四人パーティがヘッド・ウォールを直登するダイレクト・ルートを拓き、その登攀の様子を映したスライドを山野井は八六年、当時滞在していたコロラドのマウンテン・ショップで偶然見たのである。

そのときの興奮が、山野井をして四年後にトールに向かわせた。

「すごい迫力だった。日本では味わえない高度感が漂っていた。とにかく壁がぶっ立っていた。クライマーがよく言う『垂直のトリップ』の世界がそこにはあった。たとえば、ミノムシみたいなクライマーが壁に張りついている写真とか、たった一個の支点に支えられたポータレッジ（垂直の壁で寝泊まりするためのキャンバス製簡易テラス）に、四人が辛うじてのっかっている写真とか、見ているだけでゾクゾクした。『このスリリングな状況に自分を置きたい』『この迫力と高度感をこの身で味わいたい』『もし自分がここにいたら、どんなに感動するかがイメージできる』。そんなことを思って、いつかはトールを登ってやろうと決めたんだ」

その興奮を胸に、エル・キャプのビッグ・ウォールやドリュ西壁で経験を積み、山野井は勇躍トールにやって来た。成田からニューヨーク経由でモントリオールに飛び、さらにカナダ国内便を乗り継いでバフィン島の登山基地・パンナータンにたどり着き、そこからスノーモービルと徒歩でキャラバンを重ねてのち、成田を発って二週間後の五月二十九日、トールから一時間ほどのところにベースキャンプを設営した。このとき山野井が、どれほど気がはやっていたかは、斎藤が語る次のエピソードが物語る。

「パンナータンのスーパーで食料の買い出しをしたんですが、山野井は食料計画もへったくれもなく、ただ適当に、米やオートミールやビスケットを買い物カゴに突っ込むだけ。とにかく『早く行こう。早く行こう』とせっつくんです。ここまでずっと飛行機に乗りっぱなしでしたから、自分はパンナータンで二、三日ゆっくりしたかったんですが、自分も高橋も、年下の山野井のペースに押しきられてしまいました」

基本的にせっかちな性格はともあれ、山野井はそうまでしてトールとまみえることを望んでいた。だがそれから三人——トールを単独でねらう山野井と、旧友の高橋明平と組んでアスガード東壁を目指した斎藤直——は、北極圏特有の悪天候に見舞われ、ほぼ三週間近くもベースに閉じ込められた。

この長い停滞の間、山野井は何を考えていたのだろうか。

「あいつはおかしな奴なんですよ。朝起きて天気が悪いと、自分は大事な試験が延びたようで嬉しくなってシュラフにもぐり込むのに、山野井は猛烈に悔しがるんです。表情も本当に悔しそうで、そんなときはだれにともなく「ファック・ユー」とか「ビッチ」とか、（英語の侮蔑語を）口走っていました。これからつらいことに向かうのに、なんで悔しがるんだと、自分はあいつの態度が不思議でした。とにかく山野井には、準備段階などおかずに、すぐにでも極限状況に向かうようなところがあるんです。あいつは山に入ると、それこそ二十四時間『臨戦態勢』なんですよ」

斎藤が言う「臨戦態勢」とは山野井の闘争心を言い得て妙である。だがその背景には、ソロを目指すクライマーにしかわからない〝深い葛藤〟が潜んでいた。

山野井はトール西壁ソロの記録を、帰国後、『岩と雪』（一三一号、一九八八年）に発表している。「極限のソロ」と題された登攀記は、迫力ある岩壁のカラー写真とともに、今読んでもエキサイティングな内容である。だがこの記録のなかで、私が最も関心を止めたのは、わずか一行に過ぎない記述だった。それは西壁アタック前、山野井がベースの斎藤らに別れを告げ、壁の取り付きに向かう場面を回想した部分で、山野井はただ一行、こう書いていた。

「取付までの一時間のあの緊張は、生涯忘れることはできないだろう」

「生涯忘れることはできない」「あの緊張」とはどんなものだったのか。私はこの一行に、ソロの核心が潜んでいるのではないかと思った。だからその内容を、ぜひとも聞いてみたいと考えた。

「でも、そこまでひとに見せたいとは思わない」。山野井は当初そういって、具体的に話すことを嫌がった。だが取材を始めて数カ月ののち、何かの折にふと話しはじめた。ソロの核心とは言わないまでも、真実の一端だと思える言葉をいくつか重ねた。その一言一句を聞いて、私はあらためてソロの奥深さを知った。

「トールに限れば……」と前置きしたうえで、山野井はアタック前の心境をこう話した。

「つぶれて死ぬのが嫌だった。同じ死ぬんでも、体がバラバラになって死ぬよりは、横たわって死ぬほうが楽そうだな、と考えていた。昔から谷川岳の資料などで（墜死したクライマーの）腕がちぎれているとか見ていたので、ああいう死に方は嫌だなと思っていた。だれもいない土地で、木っ端みじんになるのは怖い。人間の温もりを感じられるところで死ぬほうが楽だと思っていた。

でもトールの場合は、自分がミスしたら、ミスをくい止める前に死ぬ。それこそスリップしただけでも、死ぬ。たとえば吹雪にあっての凍死なら『これで俺は死ぬ

ひとりトール西壁を目指す。「取付までの1時間のあの緊張は、生涯忘れることはできないだろう」

んだな』という決断や判断ができる。でもトールのような垂直の壁では、自分をコントロールできないうちに死ぬ。これが自分は怖い。たとえばクレバスに落ちて、十秒後に死ぬのと三分後に死ぬのとでは、全然意味が違う。三分後に死ぬのなら、死ぬまでにいろいろ考えられる。もし自殺するとしても、自分は突然死の方法より、手首を切って死んだほうがいい。諦める前に、何か試行錯誤できない死は、自分には耐えきれない。

（この意味でトールは）落ちたらビレー・ポイントごと吹っ飛ぶような、厳密に言えば確実なビレー・ポイント（最後のセルフ・ビレー）を作りにくい構造の岩だった。（トールに比べれば）エル・キャプのラーキング・フィアは、半分近くしっかりしたビレー・ポイントが作られていたし、ドリュは、クラックが発達していてビレー・ポイントを作りやすい構造だった。それにドリュやラーキング・フィアは、すぐそばでほかのクライマーが登っていて、あれは本当の意味でのソロではない。（ましてそれまで自分は）一週間を超える孤独を経験したこともなかったし……。（さらには）このとき自分は、ソロのビレー点の作り方を完全には知らなかった。作り方さえ満足にマスターしていないのに（確実なビレー点になるはずの）ボルトさえもっていかなかった。はたして手持ちのクライミング・ギアで足りるかどうか、不安で仕方がなかった」

すなわち、もし落ちたら、間違いなく死ぬ。それも自分が最も恐れる墜落死というかたちで……という恐怖を、山野井はずっと味わい続けていた。

おそらく日々、死の実感がセンチ刻みで近づいてきたに違いない。ときには死の予感が、ぬるりと肌をも撫でたことだろう。斎藤が言う「悪天候へ毒づく姿」にしても、それはひるがえせば山野井の、恐怖心の現れだったのかもしれない。だが山野井は、そんなぞっとする恐怖を三週間近くもベースで味わい続け、六月十九日、ひとりアタックに出た。

成功か死か。このとき山野井が踏み出した一歩は言うまでもなく、決してだれにでもできることではない。言うなれば「見えざる生と死の境界」は、常人には決して超えられない。

なぜ山野井にできたのか。

思うに、その一歩を踏み出させるだけの「確たる強さ」が、すでに備わっていたからではなかろうか。

個なるもの

「あなたはまるで、野生児のようだ」

八七年秋、一年五カ月にわたるアメリカ・ヨーロッパ放浪を終えて日本に帰国しようとしていた矢先、山野井はギリシャのアテネ空港で、ある女性からそう言われた。山野井の言葉にしたがえば「学校の先生をやっていて、外国を数多くひとり旅していた日本人の」その女性は、出発ロビーをうろうろしていた山野井の様子を、興味深げに眺めていたという。おそらく服装はみすぼらしく、顔も日に焼けてさらには、行動が逐一粗野に見えたに違いない。だがそんな山野井に、人をしてハッとさせるような生気が満ちていることを、この女性は見抜いていたのではなかろうか。

そんなことを考えさせられるエピソードが、トール出発前にいくつかある。

帰国したのち、山野井は長らく住み続けた実家を出て、みずから望む風来坊のクライマー人生を歩みだした。定職に就く気などさらさらなく、「タオル一丁、金だけもって、世界中をぶらぶらしながら岩を登りたい」という子供時代からの夢を、いよいよ本格的に求めはじめた。したがって荷物は、岩登り用のホールバッグがただひとつ。中身は寝袋とクライミング・ギアと、当座の着替え程度があれば充分だった。

「ふと見わたして、いま自分に守るべきものが何もないことに、快感を覚えていた。それに、実家にいてこういうこと（放浪のクライミング）をしていてはアウトロー的でないし、ホールバッグひとつあればどこにでも行けるシンプルな生き方を、自分は美しいと考えていた」

美しい……。当時の山野井の状況を考えれば、なかなか吐ける言葉ではない。常識的に考えれば、二十二歳にもなって無職であるという現実は、ましてや社会的には何の価値もないクライミングを追及しようという生き方は、横並びを正論とする日本社会では、白眼視されこそすれ決して評価されるものではない。また当事者自身も「いい年をして」「みんなはもう立派に働いているのに」「いつまで半端者でいるのか」といった有形・無形の圧力に、いつしか自分をさいなんでいくのが日本社会の常である。だが山野井は、そうした自己のない「一般的社会常識」は持ち合わせておらず、ひょうひょうと、自分の視座にしたがって生きていた。

このころ運よく、クラブの先輩である小高保の口利きで、小高が勤務する千葉県市川市の靴下メーカー「山本靴下製造所」にアルバイト口を得た。目的はただひとつ、トールに向けて資金作りに励むことである。

同社の山本雄之助社長や小高は、当時の山野井の様子をこんなふうに振り返る。

「たしかあのころ山野井は、一日五〇〇円で生活するとか言っていた。一カ月の生活費が五〇〇〇円だと聞いたこともある。当時のり弁当が一九〇円で、昼飯はよくそれを食べていたようだった」と山本社長。また小高も同様に「昼飯はのり弁一個、晩飯は仕事が夜八時くらいまで続いたので、社長の奥さんにオニギリなどを作ってもらっていた」とその徹底した倹約ぶりを思い出す。アパートも会社の好意で安アパートを紹介してもらい、もちろん布団は持参の寝袋で、友人の斎藤によれば、当時の山野井のアパートにあったものと言えば「寝袋と、クライミング・ギア。あとはコーンフレークと牛乳だけ」だったという。こんな話を聞くとわびしい限りだが、山野井本人は落ち込みも失望もしていなかった。むしろ本人は〝無一物、無尽蔵〟の境遇を楽しんでいた。物欲がないかわりに、山以外のことに気を紛らわされる必要のない自由を味わっていた。

「彼の仕事は、会社が近所の主婦に外注している内職仕事を集配してあるく外回りだったが、山野井は内職のオバサンたちにとても可愛がられて、ちょくちょく『ジュースもらったよ』などと言って帰ってきた。素直で子供っぽいところが気に入られたのだろうが、これまで数いたアルバイトのなかで、オバサンたちにあんなに可愛がられたのは、おそらく山野井ぐらいじゃなかったか」

こんな山本社長の言葉からも、山野井が日々の生活を楽しんでいたことがうかがえる。そして小高によれば、仕事が終わると山野井は毎晩、「懸垂一〇〇回、指懸垂二〇回、それにバーベルの上げ下ろしを、欠かさず五セットやっていた」という。仕事は楽しみ、やるべきことはやる。絶妙なバランス感覚をもった男である。だがひとつだけ、そんな山野井にも、気の滅入るような事件があった。

このころ登攀クラブ蒼氷に、中嶋正宏というクライマーがいた。私の認識に間違いがなければ、当時の蒼氷は、一時代を画した山学同志会のあとに台頭した、超先鋭的クライマー集団である。なかでも中嶋は、そんな蒼氷にあっても図抜けた才能をもった、当時の若手のなかでは傑出したクライマーだった。山野井より三歳年上で、山野井がラーキング・フィアのソロに成功してすぐあと中嶋も同ルートを単独で登っており、国内の記録だけを見れば、山野井をしのぐルートを次々と陥していた。とりわけ冬壁や氷壁登攀は「屏風岩・二ルンゼ大氷柱ソロ」「甲斐駒ヶ岳・Aフランケ～Bフランケ・ソロ」に代表されるように、当時の山野井の力量を間違いなく超えていた。「フリーもできて、アルパインもやり、しかもソロを志向する」山野井にとってはひそかに尊敬していた人間だった。

その中嶋が八七年十二月、八ヶ岳の大同心で墜死した。翌八八年に、カラコルムの巨壁トランゴ・タワーへの遠征を控えての、中嶋にとってはトレーニングがわりの容易なルートでの事故死であった。しかもこのときも、やはりソロ……。

ひそかに尊敬していた、いわば心の僚友・中嶋の死を、山野井はこんな言葉で振り返る。

「同じ感覚の奴が死ぬのを見て、クライミングをやめようかと二カ月ぐらい考えた。現実にこの間は、クライミングをまったくしなかった。何かを残したいと思っている人間が、死ぬことでどんどん忘れられてゆく。その過程を見ると、いずれ自分もこうなるのかと考え、ある種の空しさを感じた。このころ初めて、ソロの空しさ、怖さ、つらい部分がわかったか……」

他人事ではなく、山野井がどれほど落ち込んだかは、日登の先輩、根岸利夫の言葉が物語る。

「そのころクラブの集会の飲み会で、あいつと大喧嘩したことがある。自分も当時は結婚間際で、山を続けるかどうかでナーバスになっていて、お互い気持ちがささくれだっていた。何がきっかけだったかは忘れたが、とにかく山野井が、俺に気持ちをぶつけてきた」

かく言う根岸は、一見してヤクザと見間違えられるような、数々の武勇伝をもつ血の気の多い男である。だから根岸の言葉には、言外に「そんな俺に喧嘩を売ってきたのだから、あいつも相当荒れていたんだろう」という意味が込められている。

生前の中嶋と山野井は「常盤橋公園で何度か話をした程度」の面識しかないのだが、山野井は「あのころの自分の心境は、中嶋の考え方に近かった」と言う。中嶋の死後、彼の父親が、息子の大学時代の日記を中心にした遺稿集『完結された青春』(山と溪谷社刊)をまとめており、山野井が言う「中嶋の考え方」とは、この遺稿集の内容を指す。では中嶋の考え方、ひいては当時の山野井の心境とはどういうものであり、また何がふたりの立場を「生」と「死」に分かったのだろうか。

『完結された青春』をひもとくと、私には率直に言って「どうしようもない閉塞感」が読み取れる。たとえば文豪・井伏鱒二が『山椒魚』で描き出したような、現状を抜け出したくても自力ではどうすることもできない人間の「懊悩」が読み取れる。故人には酷すぎるかもしれないが、こんな考え方で山を登っていては中嶋は「死ぬべくして死んだか」とさえ思われてくる。

私が感じる閉塞感はすなわち、中嶋というクライマーの「限界」なのかもしれない。いやひとり中嶋だけでなく、ソロを目指して山で逝った数多くのクライマーたちの「限界」だと言えなくもない。つまりそれは「ソロのプレッシャーに耐えられない人間が、ソロを目指した悲劇」と言いきってもいい。

クライマーならだれしも、最高度のエクスタシーを求めて極限の登攀に挑戦する。この意味でソロこそは、最も危険かつ困難であるだけに、エクスタシーの極致を得られることになる。だが甘美なエクスタシーに正比例して、死の恐怖も皮膚感覚で迫ってくる。だから一流クライマーは、必ずやある段階で「エクスタシーか、死か」という絶対矛盾に襲われることになる。そしてこの段階で、死の恐怖を乗り越えられる精神力をもつかもしくは、すっぱり山をやめない限り、クライマーは壁以外に打ち込む対象がないだけに、袋小路の閉塞感にとらわれて行く。『完結された青春』から伝わってくる、息苦しいまでの閉塞感は、おそらくこうした状況の反映にほかならない。

ソロはこうした状況に加え、絶対にミスを犯さない完璧な自己コントロール、何が起こってもパニックに陥らない自制心、さらには決して諦めない闘争心など、いわば経験や訓練ではいかんともしがたい「驚異的な個の強さ」が求められる。むしろ極限のストレスを「快感」とまで感じるくらいの強靭さが必要になる。そしてこれは言うまでもなく、だれにでも決して身につくものではない。なぜなら強固な自己が、経験や訓練で培われるのなら、クライマーのだれもがソロを志向するだろうし、しかしあれほど多くの人間は死なないはずである。だから私は思うのだ。「ソロは、だれにでもできるものではない」と。そして真のソロ・クライマーとは、本人の意欲や努力とは別に「特別な何かが備わっていなければならない」と。

資質かな、とも私は思う。

山野井は子供のころから「周囲から孤立していることに快感を覚えていた」と語る特異な資質をもっていた。また長じてのち、前歯が歯茎に食い込むほどの事故に遭っても一言の弱音も吐かずに「痛がっても何の解決にもならないじゃないですか」と考える並外れた耐性と理知をもっていた。さらに今では「寒さや苦痛はいくらでも我慢できる。俺だったら猛吹雪で凍死する状態でも、寒さは精神力で耐え抜いて『気がついたら自分の体だけが先に死んでいた』ってなことになるんじゃないか」と笑って話すほどの男である。

くわえて山登りを始めた当初から、だれにも何も教わらず、ロープの結び方からトレーニング方法に至るまで、常に自分ひとりで試行錯誤を繰り返し、自分で自分の山登りを作り上げていた。何よりも、結果としてソロを選択したのではなく、幼少のころから資質においても行動においても、ソロを自分のものにしていた。徹頭徹尾自分で考え、他者をいっさい当てにせず、山を観る目を、自分を観る目を、みずから鍛え上げていた。

つまりは「自力」で山を登っていた。

この意味で、中嶋をはじめ山で逝った数多くのクライマーたちは、残念ながら「自力の何たるかを知らなかった」と思えてならない。

個なる強さなくして、ソロなど決してできるものではない。それがあったからこそ山野井は、トールのアタック日、「その一歩」を踏み出せたのではなかろうか。

がむしゃらに……

おそらく勇気ではなかっただろう。覚悟といってはあまりに陳腐でおおげさ過ぎる。極めて静謐な、深く染み入るような緊張感ではなかったか。渓谷を吹きわたる風のひとすじひとすじが、トールから落ちる落石のひとつひとつが、あるいは自分の吐息さえもが妙にはっきりと、耳奥を打ち、意識をも貫いたのではなかろうか。

ほぼ三週間の天候待ちののち、ようやく晴れ間の見えた六月十九日、山野井はひとりベースをあとにした。

「気合が入っているな」と、ベースで山野井を見送った高橋は覚えている。

トール西壁を初登攀した日本人パーティのリーダー・米井輝治は、トールの特徴を次のように話す。

「一見、どこを登っても登れそうなのだが、岩が逆層で、そのうえ落石が多い。自分たちは現実に、ビバーク中も落石に襲われ、落石でフィックス（ロープ）を切断された。トールはとにかく、ルート選択の目が試されるところだ」。さらに続けて米井は「トールは技術面よりむしろ、精神的プレッシャーのほうが大きい。辺境の地だから、事故があっても救助はいっさい期待できないし、何があっても自力で帰らなければならない。だから、絶対にミスは犯せない」と語る。そしてそれだけに「あの壁に独りで突っ込んで行くとは……」と、米井は山野井の意志力に目を見張る。

米井はトールのほか、アフリカのケニア山ダイヤモンド・クーロアール大氷柱、ペルー・アンデスのカイエッシュ西壁、南米パタゴニアのフィッツロイ南西岩稜、ヒマラヤのヒウンチュリ、韓国のトワンソン大氷瀑など世界中の壁で輝かしい記録を残しており、山野井をして「トールでルートに詰まったとき、必死でルートを探していったら、米井さんの登ったところに行き当たった」とまで言わしめた男である。その米井が驚きを隠さない、山野井のソロとはどんなものだったのか。それはまさに「壮絶」の一語に尽きた。

「第二岩壁あたりだったろうか。壁に張りついている自分の背中の後ろを、バスほどもある巨大な落石が何度も落ちて行くんだ。振り返って見る余裕はないんだが、背後を落ちていく落石の影が壁に映って、また行ったな、とわかるんだ。そして数秒後、それが下のモレーンにあたって砕け散る。その音だけが、響いてくるんだ」

「たしか登攀五日目だったと思う。猛烈な嵐のなかでポータレッジごと揺られていたんだが、あまりに風が強烈で、なかの装備や食料がひっきりなしに転がるんだ。押さえようにも押さえられなくて、そのうちポータレッジの隙間から、大事な食料が転がり落ちた。『アッ』と思って下をのぞくと、食料の入った袋がどこにもぶつからずに、ガスに吸い込まれていった。食料袋が、はるか下のほうで漂っているガスに、スーッと吸い込まれていったんだ」

恐ろしいまでの高度感である。身の毛がよだつとはこのことだ。これが高さ一四〇〇メートルに達する巨大岩壁の、ヘッド・ウォール全体がオーバーハングしている怪物の迫力である。

登攀はじつに八日間にもおよび、そのうち後半の四日間は暴風雪が叩きつける嵐のなかのクライミングとなり、ほぼ毎日、連続十五時間以上の行動を強いられた。登攀二日目には早くも雨に見舞われ、安眠を得るはずのシュラフはいつしかびしょ濡れになり、やがて凍りついていった。連日の嵐に見舞われた登攀六日目、気がつくと手も足も凍傷に侵され、ついにはクライミング・ギアも凍りついた。「手の指は二倍にふくれあがり、足の感覚はなくなっていった」と山野井は記録に書く。

墜落することも二度。取り付いて二日目、エイド（人工登攀）で支点にしていたナイフ・ブレードが抜けて六メートルほど落ち、両膝を岩に強打して大量の出血を見た。また登攀最終日には、手を滑らせたホールバッグをつかもうとして頭から落ちるというきわどい墜落も味わった。いずれも六メートルほどの墜落で済み、岩に打ち込んだピトンやナッツが抜けなかったから奇跡的に命は助かったが、それこそ日々、自分の能力限界ぎりぎりの登攀だった。北極圏の凶暴な嵐。屏風岩を四段も重ねたような気の遠くなる壁のスケール。そしてそのなかにただひとり。壁を抜け出る以外、助かる道はないという息苦しいまでの重圧が、日々、山野井にのしかかった。凍えた体に入れる食料は、粉末状のシリアルであるグラノーラだけ。落ちようが凍えようが、たとえ結果として指を落とすことになろうとも、遮二無二登り続けるしかなかった。「もうふらふらだ。ビレー・ポイントを作るのに三十分もついやした」「今日の行動も十七時間以上になる」「疲労は極限に達した。トールがゴーゴーと唸り出した」「このまま寝てしまったら永遠に目覚めることはできないので

第3バンド手前を登攀中、足下の空間とホールバッグ(荷揚げザック)を見下ろす

はないか……」。

記録の一節は、連日の苦闘を物語る。

そして登攀八日目、ついに待望のサンシャインを見た。だが最後の最後の土壇場で、まさに一か八かの賭けが待っていた。記録はこう書く。

「あと一ピッチ！（中略）下を見ればトール下のモレーンまで一気に一〇〇〇メートル以上落ちている。凄い高度感だ。エイドに移って一〇メートルほど登ると、トール西壁の今回のルートの中でもっとも困難なセクションにぶちあたった。

赤い色の非常にもろい岩が一〇メートルほど続いている。おまけにハングしている。ぼくは小さなナッツを丁寧に決めていく。いつはずれてもおかしくない代物だ。赤い壁を七メートルほど進んだぼくは、ついに行き詰まった。ハーケン、ナッツを使うようなクラックもなければ、スカイフックを掛けるだけの強いエッジもない。（中略）なによりも恐ろしいのは、ビレー・ポイントにしているナイフ・ブレードだ。もし墜落したら、あのビレー・ポイントは必ず吹っ飛ぶだろう。退却も不可能だ。まさに絶体絶命のピンチ。神様、仏様、ぼくを殺さないでくれ！

顔を岩にこすりつけて、錯乱ぎみの自分をとりもどそうと必死になる。『落ち着け、もう少しで終わりだ』。再び顔を上げると弱点が見えてきた。小さなフレークが二つ縦に飛び出している。フレンズ四番をセットしてみると片方のカムがわずかに引っ掛かる。もうこれしかない。もし外れたらフレンズと共に下のモレーンでバラバラになるのは確実だ。足をエイダーに掛ける。目を閉じる。体重を移す。とまっていた。すぐに最上段に上がりラープを打ち、体重を移動させる。

『やった、生きている』」

ほぼ三週間近くのプレッシャーとの闘いと、限界ぎりぎりの八日間にわたる壁での苦闘。最後の雪壁を乗り越えて壁を抜け出たとき、全力を使い果たした山野井の目に、かつて味わったことのない歓喜があふれ出ていた。

山野井は振り返る。「ただ、がむしゃらに登り続けた」と。そしてついには「体中のアドレナリンが沸騰した」と……。

この壮絶なまでの山野井のソロを、斎藤と高橋はベースキャンプから眺めていた。正確には、登攀三日目の山野井の姿を、ふたりは双眼鏡のなかに「点」として見つけた。高橋は言う。

「双眼鏡のなかで、ポツンと小さな赤い点が、ちょこちょこ動いているんです。だれも見ていない僻地で、北極圏のバフィンのでかい壁のなかで、小さな点が、孤軍奮闘していたんです。『世界中さがしても、いまこいつ以上、かっこいい奴はいないだろうな』。正直、そう思いました」

さらに斎藤は「興奮しました。高橋とふたりで声をあげて感動してました。このときの小さな点には、どんな言葉で表現してもおおげさではない『迫力』がありました。荒涼とした冷たい壁のなかで、まさに人間の命が動いている。山登りは見るスポーツではなく、見て感動するものでもありませんが、ひとのやっている登りを見て感動したのは、極論すればこのときだけです」

三週間以上をともにベースで過ごし、北極圏の荒涼とした風景に閉ざされた生活のなかで芽生えたであろう三人の「戦友意識」を差し引いたとしても、ふたりの言葉に誇張はないと私は思う。だいいちに高橋は、父親とふたりで注文住宅をこつこつ作り続ける大工仕事を生業とするような、どちらかと言えば口べたな男である。その高橋が、バフィンでのこのシーンの話をしたときだけ、はっきりと、力を込めて語ったのである。事実斎藤によれば「『こいつ、本当にやる気があんのか』と思っていた」高橋が、この山野井の姿を見て、「俺たちも行こう」と重い腰をやっと

登攀終了後の山野井

上げたという。

ひとを興奮させる何かが、さらには感動をも与える何かが、山野井のクライミングにはあったに違いない。

その理由を斎藤は「単独（ソロ）だからじゃないですか」と小さく言った。

斎藤と高橋は結局、頂上直下まで迫ったものの食料が尽きてアスガード東壁を断念。七月初旬、山野井と三人でベースキャンプをあとにした。撤収後、みんなで最後にトールを振り返り、このとき山野井は、斎藤によれば「静かな顔をしていた」という。

「それに山野井は、トールが終わったあと、そう、はしゃいでいなかった」とも。

全身全霊を傾けて、どんな人間でも不可知である死の恐怖に打ち克って、ただ上だけを目指した。ただひとり、全力で自分を生きた。

おそらく、いや間違いなく、満足しきったのではなかろうか。

第六章
敗れざる〝フィッツロイ〟

ある出来事

一度は一敗地にまみれ、しかし執念で陥した壁が、山野井のキャリアにただひとつある。一九九〇年、冬季単独初登という栄誉を勝ち取った南米パタゴニアのフィッツロイ南西岩稜がそれである。山野井以外、この岩塔の冬季単独登攀を成し遂げた人間は、いまだにだれひとりとしていない。世界中を探してもだ。そしてその背景に、あまりに人間的な葛藤があったことを、知るひともまた……。

「言葉ではうまく言えないんだが、理想のクライマー像というのが自分のなかにはある。それを追うために、ひとが自然と自分から離れていくのは……仕方ないと思う」

山野井にとって、無二の親友とも言える友人との一件を問うたとき、ポツリと彼はそう言った。

心なしか山野井の目が、潤んだように私には見えた。


トール西壁を完璧なソロで陥した翌八九年、山野井は南米パタゴニアに立つ難峰中の難峰・フィッツロイ（三三四一メートル）に挑んだ。パタゴニアは一九五〇年代に、この地を踏破した探検家シプトンが「嵐の大地」と呼んだ辺境地域で、南米大陸のほぼ南端、南緯四十度以南に広がる不毛の大地である。「吠える四十度線」と言われるチリ沖の荒れる太平洋から一年を通して偏西風が吹き荒れ、このため「世界で最も天候の悪い場所」として知られている。なかでもアルゼンチンとチリの国境をなす、つまりフィッツロイやセロ・トーレといった尖峰群が屹立する山岳地帯一帯は、海からの吠える烈風に加え、周囲に広大な大陸氷床（氷河）をしたがえる複雑な地形のため、凶暴なまでの暴風雪が叩きつけることで有名である。標高こそ低いとはいえ、その暴風に代表される天候の荒れ方は、あるベテラン・クライ

フィッツロイ東面全景。左の雪面がイタリアン・コル、南西岩稜はスカイラインの裏側にある

マーによれば「ヒマラヤの比ではない」とさえいう。

比較的天候の穏やかな夏でさえ「三日と続けて晴れることはない」辺境の地の難峰に、山野井は八九年七月、つまり南半球の冬、まったくのひとりで挑んだのである。

「トールを終えてみて、自然条件の厳しい辺境の地でのクライミングが、自分にとってどれほど楽しいものかがわかった。それにヨセミテやヨーロッパでの登攀は（ポピュラーなエリアなだけに）よくよく調べなくても登れたが、こういう辺境の地だと、準備段階だけでもかなりの頭を使う。たとえば登攀用具にしても、何かひとつが欠けても生きて帰って来れないし、トレーニングも充分にやらなければならない。また自分は（アプローチの交通手段さえ確保されていないそうした辺地に行って）スノーモービルや馬の手配を自分でやるのが好きだから、やらなければならないことや考えるべきことは、山ほどもある。（つまりそれだけ）クライミングを真剣に考えられる」

登攀行為そのものだけでなく、事前の準備も含めて山登りを全的に楽しめる。ましてや自然条件が厳しければきびしいほど「未知なる冒険」というロマンがある。これほど心躍る対象があるだろうか。であってみれば、打ち込む対象の魅力が計り知れないだけに、山野井にとっていわゆる普通の人生など、些事に映るのかもしれない。

だからだろうか。山野井は次なる目標をフィッツロイに定めると、ますます彼流のクライミング人生を歩んでいった。

トールを終えて成田に帰国するとすぐ、山野井は千葉市の実家にも立ち寄らず、その足でまっすぐ東京都下・奥多摩にある岩登りゲレンデ・越沢《こいざわ》バットレスに向かった。トールへ旅立つ前、アルバイト先であった靴下メーカーを辞め、と同時にアパートも引き払っていたので、しばしのねぐらとして、バットレス裏にある無人の小屋を選んだのである。

「たしか空港でアルバイトニュースを買って、ホールバッグとそれだけもって、越沢に行ったんだ」

それからフィッツロイに向かうまでの一年近く、山野井は正真正銘「住所不定」「無職」の生活を送り続けた。

「越沢や常盤橋公園で、一カ月くらいのべぇ～としていたり、友人のところにいてみたり、実家にも少しは帰ったかもしれない。アルバイトニュースでバイト先を見つけ、でも一カ所に落ち着けない性格なもんで、仕事はものすごく変わった。今になって考えてみると、自動車会社のプレス工ぐらいしか思い出せない。あとは一日とか一週間とか、どれも長続きしなかった。（そんな日々に対して）アウトローとして生きている、というひそかな嬉しさがあった反面、こういう人生を選んだ以上、どんなことがあっても親には頼れないという、意地というか、メンツも多少はあったと思う」

越沢暮らしひとつをとっても、いささか常軌を逸した行動ではある。越沢バットレスはゲレンデとはいえ、最寄り駅のJR青梅線・鳩ノ巣駅から三十分以上は歩かなければならない、杉木立が鬱蒼と茂る暗い森である。しかも山野井がねぐらとした小屋は「あんなところでひとりで寝るなんて」と、だれもが薄気味悪がる場所である。そんなところでただひとり、風流人山野井は〝夢〟を糧にして寝起きしていた。

「でも、鳩ノ巣に行けば風呂には入れたし、山の夜の気味悪さは一週間もすれば慣れるし、とりわけ自分は、寝袋にくるまって寝るあのときの、体が締めつけられる窮屈さが大好きだし……」

こんなふうに、常識ではちょっと考えられない行動を平気ででき、かつ楽しめるのが、山野井という人間の際立った点である。

だが本人にとっては愉快であれ、そうした徹底した山一辺倒の人生感は、あるいはそれをよしとする内面の強さは、周囲の人間からすれば〝もう手の届かない〟理解を超えた人間像を形作っていたのかもしれない。

「あれは二十三歳の、十一月のことでした」

千脇淳は、その年月をもはっきり口にした。それほど千脇にとって、その出来事は、深く心に刻み込まれた痛恨事だった。

中学校の剣道部で出会って以来、また長潟の叔父さんとの山歩きをともにして以来、千脇と山野井は、それぞれ高校やそれ以降の進路は違っても、密な交友を続けていた。千脇は高校時代山野井に「大学に入ったらまた山をやる」と言い続けており、そんな友の意を酌んで山野井は、千脇が大学受験を控えた年の年賀状に「日登は君を待っている！」と書いていた。そして千脇は実際、大学に入学すると山野井のあとを追うように日本登攀クラブに入会し、国内の岩場はもとより、ヨセミテにも同行するほど再び山に燃えだした。山野井がコロラドで骨折して帰国したあと、松葉杖をつきながらも城ヶ崎ゲレンデに通ったときのパートナーが千脇であったし、今でも山野井が「あいつとだったら、いつでも昔のように夢を語り合えると思う。もし本当に俺が困ったら、最後は千脇のところに行きたいと思う」と言うほどの「唯一の親友だった」。

だがそんなふたりに「二十三歳の十一月」、別れが訪れた。

千脇は山野井の母親によれば「すっごく性格のいい子」で、将来は教員志望だという穏やかな人生設計がまた、世の大人から見ればその人間性をより好ましく思わせていた。現実に千脇は、大学四年のときとその翌年に二度教員試験を受験し、だが二度とも思いは果たせなかった。一方で本人によれば「大学の後半から、貿易業に就きたいという思いが強くなり、ＭＢＡを取得するために、アメリカの大学院への進学を真剣に考えはじめた」。

子供のころの夢は夢として、現実が思いどおりに行かないことはだれにでもあることである。それは人生のささいなつまずきでしかない。だがはたから見て、それまでの印象が良すぎただけに「一方の夢がだめだったから、別なことにくら替えした」とも受け取れる千脇の明らかな変化は、とりわけ近しい人間にとっては「変節」と映ったようである。

アメリカの大学院に進学するために、大学を終えた千脇は短期間で渡米費用を捻出しようとして、俗に言う〝飛び込みの訪問販売〟を始めた。「これくらいのことができなくては、信念は貫けない」と考えたからだった。言葉は不適切かもしれないが、あえて汚い仕事に手を染めることで、千脇は自分を追い詰め、あるいは奮い立たせようとしていたのかもしれない。だから千脇は、訪問先にあろうことか、あれほど親しくしていた山野井家もみずから選んだ。

「あの千脇君が……」

このとき、応対に出た山野井の母親は、それ以上を決して語ろうとはしない。

「たとえどんなことをしていても、自分は他人の生き方を批判したくない」と、山野井はこの一件に関して明言する。だが千脇の受け取り方は、本人が自分のやっていることに負い目を感じていただろうだけに、山野井とは正反対だった。このときふたりの間で「こんなやりとりがあった」と千脇は言う。

「なんでセールスの真似事などするんだ」

「俺は真似事ではない。本気だ」

「そうだよな……そうだ」

自分の顔を見ずに「横を向いたまま、山野井はそう言った」と千脇は言う。そしてさらには「冷たくあしらわれたと感じた」と。

「たしかに今の自分はセールスマンだが、あくまで内面は昔の自分だと思っていた。だから山野井には、昔のように話せると思っていた。でも山野井に、冷たくあしらわれた」

一方で自分に対する負い目があり、また一方にそんな親友の姿は見たくないという思いがあり、ふたりはついぞ、目を合わせられなかったのかもしれない。だがもし本当に友のことを思うなら、「批判したく」なくても、時として、諫めることは必要ではなかろうか。このとき千脇は山野井に「そうだよな」ではなく、「お前には似合わないよ」、あるいはもしくは「ほかにわけがあるんだろ?」と言ってもらいたかったのかもしれない。

いずれにしても「二十三歳の十一月」、山野井はひとりの友を失った。

フィッツロイに旅立つ前の、ある出来事ではあった。

敗北

「山野井さんは、本番の壁に取り付く前に、死んでもおかしくなかったんですよ」

日登の後輩会員である、田代浩介はそう話した。

その話を聞いて、「もしや千脇との一件が背景にあるのでは？」と考えたのは、私のうがち過ぎた見方だろうか。

フィッツロイに旅立つ前、山野井は後輩の田代らをともなって、フリー・クライミングのメッカ、小川山に十日間ほどこもったことがある。そこで田代は、山野井からこういう言葉を聞き、またこうした山野井の姿を見た。

「冬のフィッツロイみたいな厳しいルートを登るためには、これぐらい精神面を鍛えなければならないんだ」。そして山野井は「お前たち、立ち会い人になれ」と言って、とてつもないクライミングをしてみせた。「最高ルーフ（5・10d）」「ラブ・イズ・イージー（5・11b）」「クレージー・ジャム（5・10c）」などの高難度ルートを、なんと次から次とフリー・ソロしたのである。

「最高ルーフのハングでは、ハンド・ジャム（岩の隙間に拳を突っ込んで登る技術）だけでブラブラぶら下がるし、ラブ・イズ・イージーでは核心部で詰まり、足ががくがくミシンを踏むし、それこそ下で見ているこっちのほうが冷やひやもんでした。（言うまでもなく）落ちたら間違いなく死ぬルートですからね」

そのあまりに狂気に満ちた、クライミングの鬼と化した山野井の姿を見て、まだビギナーだった田代は「こうまでしなければ、アルパインでは一流になれないのか」と、早々にアルパイン・クライマーになることを諦めたという。

何が山野井を、そこまで駆り立てたのか。飄々と生きるなかにも、言葉にできない思いがあったのではなかろうか。

しかしそうまでしても、フィッツロイはほほ笑まなかった。

八九年。フィッツロイ一回目。「孤独に負けた」と山野井は振り返る。冬のフィッツロイは、山野井に苛酷な試練を課した。

この年六月、山野井はだれに見送られることもなく成田を飛び立った。彼の数多いソロ・クライミングのなかで、本当に最初から最後までひとりっきりだったのは、このフィッツロイ一回目の挑戦がただ一度である。そのせいか日記に山野井は「（アルゼンチンの首都）ブエノスアイレスに着いたときから孤独を感じる」と書いている。

フィッツロイ山群へのアプローチは、ブエノスアイレスから国内便で最後の街、カラファテに飛び、そこからバスかトラックをチャーターして山麓の村、グァルダ・パルケに入り、さらに徒歩で十時間ほどをかけて森林帯に作られたベース地点、リオ・ブランコに達するのが通常である。山野井はそれらの経緯を、日記にこう記している。

「カラファテに着くと、そこは冬の北国のように殺伐としていて、雲はとても黒い。僕は一軒の家にお世話になり、そこの主人に金を払ってグァルダ・パルケまで送ってもらうことになる。スーパーで食料を買い求めるが、何を買うかも決めていなかったので、スープ、ライス、パスタ、玉ねぎ、ビスケット少々、チョコレート少々、ぐらいでやめた。あとでとても苦労したのだが……。

車のエンジン・トラブルなどで時間を食い、グァルダ・パルケには夕方到着。すぐに馬方の家に行き、明日の出発を頼んだ。翌朝、朝日に輝くフィッツロイを見ながら出発。いくつもの丘を越えると、フィッツロイはだんだん巨大になる。雪はそれほどついていない。馬は何度も雪で足を滑らせたが、なんとかベースキャンプとなる小屋にたどり着いた。小屋と言っても、クライマーがその辺の木を切ってただ重ねた家で、すきまだらけである。馬方は簡単に食事を済ませると、馬を連れて帰っていった。僕はあまり孤独を感じない。しかしこれから一カ月以上、ここでひとりで住まなければならないことは分かっていた」

心なしか文章のトーンが、沈んだように感じられるのは、ひとり私ばかりだろうか。

翌日から天気は荒れた。こうして重苦しい孤独の日々が、始まった。

冬のパタゴニアとはどういう雰囲気なのか。極めて数少ない経験者のひとりに、岩田光弘がいる。岩田は日登会員で、話は前後するが翌九〇年、山野井の再挑戦に同行したクライマーである。また個人的にも九五年、夏のセロ・トーレも登っているだけに、パタゴニアの夏と冬の違いをこう話す。

「空が、血を流したように赤い。冬のフィッツロイの空は、気持ちの悪い色をしている。それに、朝の九時だというのに（まだ真っ暗で）まるで夜中に飯を食っているようなものだった。

たとえばベースまでだったら、夏は麓の村の小学生が遠足気分でやって来る。ま

ベースとなったリオ・ブランコの掘っ建て小屋。ここで孤独の日々をすごした

た外国の登山パーティやトレッカーも数多く来る。でも冬は、ベース付近でさえものすごい積雪で、まったくだれもやって来ない。また夏は、晴れた日ならフリースでしのげるが、冬はたとえ天気がいい日でも、羽毛服まで全部着込んでも、ガタガタ震えがくる。だいいち夏と冬では、日照時間が決定的に違う。夏は、朝の五時から夜の十時くらいまで明るいが、冬は朝九時になってもまだ真っ暗で、夕方も四時くらいでもう暗くなる。

ああいうところでひとりでいるのは、かなりつらいだろう」

「だれもやって来ない」廃屋のようなベースで、いつ晴れるともしれない嵐をやり過ごす日々。山野井自身の回顧によれば、アタック待ちの毎日はこんなふうだった。

「一日中、たき火の火を見つめているだけ。あとはマキ拾いをするか、懸垂をするぐらいしかやることがなかった。いいかげんな買い出しをしたせいで、食料がとにかく乏しくて、朝はスープに細いパスタ、昼はビスケットをほんの少し、夜は米に塩をつけて食べるのがせいぜいだった。とりあえず三度の食事の時間を決めて、時計とにらめっこして、あとは一日中、たき火の火だけを見つめていた」

そんな日々の心境を、山野井はのち日登の会員に「たき火の火を見つめていて、後ろからだれかに頭を叩かれたら、そのまま発狂してしまうほどの孤独感だった」と語っている。飢えに近い空腹感、寝袋に入っても震えが止まらない厳しい寒気、そのうえ話相手はたき火の火だけ。孤独を通り越して、ある種の悲愴感さえ漂う雰囲気である。

それでも山野井は、意を奮い立たせて三度にわたってアタックを試みた。一回目のアタックは取り付きまで。二回目は数ピッチ登ったものの落石と落氷にフィックス・ロープを切断され、しかも下降路で猛吹雪に遭ってベースに帰れず「シュルントに一週間こもって」嵐をやり過ごした。そして最後となった三回目のアタックを、山野井は日記にこう記す。

「コル（峠）をこえ、イタリアン・クーロアールの手前でビバーク。雪洞を掘った。翌日から雪。その次の日も雪。上部のことを考えると、食料もあまり食べられない。体の動きもままならない中で、じっと耐えた。もっとたくさんの温かい食べ物さえあれば、この孤独も……。

三日目。パッとしない天候のなか下降しはじめると『すべて敗けた』という感じがあった。もうこの孤独に耐えられない。そう感じた」

結局、四十五日間ねばったものの、実質的に行動できたのはわずかに十日。さらに実際に岩に触れたのは、たったの四日ほどにしか過ぎなかった。

「孤独に負け」て、山野井は完全にフィッツロイに敗北した。

「孤独」の意味を字義どおり、独りでいることに耐えられなかったと受け取るならば、山野井の敗北はうなずけるものかもしれない。だが山野井の言う孤独とは、そしてソロ・クライマーの味わう敗北感とは、われわれにはうかがい知れない、さらなる凄絶さを秘めている。

「リオ・ブランコのベースに居るだけだったら、ただ居るだけだったら、ああいう状況下でも、自分だったら何カ月でも耐えられる。でもアタックを前提にして、毎晩毎晩気持ちを高めているのに、それが朝になると『まただめか』と思わせられる。これがつらいんだ。不思議なことに、なぜか夜になると気圧計が上がって（つまり天候の回復をバロメーターが暗示して）、明日こそアタックできると思ってシュラフにもぐりこむ。でも朝起きてみると、相変わらず吹雪いている。こんな日が何日も何日も続くと、さすがに耐えられない。

ザックは完璧にパッキングして置いてある。自分はいつでも突っ込める精神状態にある。どんなに天気が悪くても、突っ込みたくなるときがどうしてもある。でもパタゴニアの冬は、それができないほど悪いんだ。たとえばトールのときは、斎藤パーティが一緒にいて『彼らも頑張っているのだから』という思いが励みにもなったが、そばにだれもいなくて、成功したって名声が得られるわけでもなくて、ましてや日本でだれが待っていてくれるわけでもなくて……。そんな状況下で『やろう』『やろう』と思い続けるのは、いくら俺だって、かなりきつい」

極限まで高めた緊張感が、ことごとく毎日はぐらかされる。全力でぶつかってだめならまだしも、力を出す以前に門前払いにされる。それほど冬のフィッツロイは厳しく、またクライマーにとって、これほどジレンマに陥る状況はないのかもしれない。

しかし自然条件という壁が立ちはだかるとはいえ、その苛酷さを承知で挑んでいる以上、もちろん無謀なアタックは論外だが、好条件でも突っ込めないのはやはり、自分の側の問題である。直截に言えば、自分の弱気が二の足を踏ませているのである。そして最終的にアタックを断念することは、その自分のひ弱さを、決定的に自分で認めることになる。だから山野井は、日記にアタック断念の心境をこう書いている。

「コルを下り、ベースまで二時間くらいのところで、空は晴れわたった。フィッツロイを久しぶりに見る。気温も上がり、青い空になってくる。下りながら、もう一度アタックしてみるかと思ったが『やっぱりあの孤独はもういやだ』。僕は深い雪に苦しめられながら下降を続け、何度も『くそっ〜』と言っていた。それは、フィッツロイに挑む勇気のない、自分に対してだ」

ヒマラヤの巨壁の経験こそないものの、アラスカのハンター北壁ケネディ＝ロウ・ルートのソロ、ヨーロッパ・アルプスのドロワット北壁ラガルド・クーロアール冬季フリー・ソロ、さらにグランド・ジョラス北壁のランスール冬季ソロなどの実績をもつ岩田光弘は、ソロの敗北感を、こう語る。

「たとえば天候は晴れているのに、自分がひよってしまって敗退したときなどは、あとから襲ってくる自己嫌悪がたまらない。これがパーティなら、敗退した言い訳を二分化できるが、ソロはそれができない。言い訳が全部自分にくるから、それこそどこかに引っ越ししてしまいたくなるほど、落ち込んでしまう。ソロは、これがつらい」

山に負けたのではなく、自分に負けた。自分の情けなさを見せつけられた。まさしく山野井の、味わった敗北感がこれだった。

雪辱

どれほどの悔しさだったのか。前出の田代はこう語る。

「一回目のフィッツロイが終わったあと、アンデスあたりを回ってきた山野井さんと、ヨセミテで落ち合ったんですよ。そしたら合流後すぐに、山野井さんは『A4をソロで登りたい』と言って、どこのルートだったかは忘れましたがいきなり取り付いて、グラウンド・フォール（地面に叩きつけられる墜落）をしたんです。それで古傷の左足首を痛めましてね。でも山野井さんは、左足にギプスをはめてまで登ってました。

（それだけならまだしも）毎日、登りに行くんですよ。普通は、三日に一日は休まないとフリーは体がもたないんですが、山野井さんは、何かに取り憑かれたように登りに行くんです。それで自分が休んでいると、あの笑顔でこう言うんです。『まるで登校拒否してるみたいだな』って。

ショックでしたね。山野井さんはああいうひとですから、決して嫌みで言っているわけではないんですが、こっちはプレッシャーを感じてしまうんです。でも反面、出かける前の小川山のこともありましたから『フィッツロイの敗退が、相当悔しかったんだな』とも感じました。あのときのヨセミテでは、壁に突っ込んで行く気迫、ルートに対する執念、などを教わった気がしますね」

こんな話を聞くと、翌年のこうした経緯もうなずける。

一年後、再びのフィッツロイ。九〇年、冬――。

「一緒に下りてくれないか」

そのとき岩田光弘は、山野井にそう懇願した。すでに自分の指は凍傷でふくれあがり、この先まだ数ピッチ残る危険なフィックス箇所の通過を考えると、ひとりで下りるのはあまりに心細かった。だがここで下りるということは、間違いなくこれで最後になるであろうアタック・チャンスを、山野井にも諦めてくれという意味だった。場所は、南西岩稜取り付き手前の、下降の分岐点であるイタリアン・コル。すでに一回、意を決したアタックで南西岩稜を一二ピッチ登り、しかし暴風雪に遭って退却を余儀なくされ、ところがコルに向かって下降するにしたがって、再び空が晴れ上がってきたときのことだった。

「『お前が決めてくれ』とも言ったんです。そうしたら山野井は、涙を流して悔しがっていました。それほど前々から『二年続けて失敗したら、俺は山をやめる』とまで言っていましたからね。今にして思うと、申し訳なかったと思っています」

そう語る岩田に別れを告げて、山野井は七月二十六日、執念で頂上を目指して登り返していった。

八九年の雪辱戦とも言える冬季フィッツロイ再挑戦には、同じ日登会員である岩田光弘と岩田堅司の両名が同行した。山野井はソロで南東岩稜アルゼンチン・ルートを、両岩田はペアで南西岩稜アメリカン・ルートを、というのが当初の予定であった。だが取り付き前の、イタリアン・コルに上がるためのフィックス工作段階で、岩田堅司が都合でリタイア。その結果山野井は、岩田光弘と組んでアメリカン・ルートを目指すことになった。山野井は今回、何がなんでもソロで、というよりは、とにかく頂上に固執した。今度こそフィッツロイを登りきらなければ「前には進めない」と考えていた。

七月二十日、ベースを出発。山野井はのち『岩と雪』（一四三号、一九八九年）につづった記録に「もう頂上に立つまでリオ・ブランコに帰る気持ちはない」と固い決意を書いている。

全身を目の粗い花崗岩で武装した岩塔フィッツロイは、夏の晴れた日ならフラットソール（フリー・クライミング用登攀シューズ）で登れても、冬は全二十数ピッチがアイゼン・手袋の世界である。おまけに叩きつける烈風が、微妙なバランスを強いられるフリー・クライムを困難にし、勢い人工登攀が多くなるため登攀スピードはぐっと落ちる。加えて日照時間が、夏の半分もない。それでも岩田によれば「冬の滝谷以上の風と寒さ」のなかを、ふたりは着実にピッチを延ばしていった。

二十二日から南西岩稜に取り付いて、登攀初日は六ピッチザイルを延ばす。翌二十三日も風雪をおして六ピッチをかせぎ、しかしテラスでビバーク態勢に入るころ、いよいよフィッツロイが本格的に吠えだした。「三日と続けて晴れることはない」パタゴニアの突発的な嵐に、ふたりはつかまったのである。

二十三日夕刻から荒れ狂いだした辺境の嵐は、翌二十四日いっぱい吹き続け、ふたりは絶え間なく雪が舞い込むツェルトにくるまって、お互いの体を防波堤代わりにして、すべてを吹き飛ばしてしまうほどの暴風に耐え続けた。そのすさまじさを山野井は「一日中がまんしていると鼻血が出そうだ」と記録に書き、岩田にいたっては「首が折れるかと思ったほどだった」と振り返る。いったん風が吹き出すと、あまりの風圧で首がねじれたまま動かせず、しかもその状態が数分間は続き、少しおさまったと思ったら今度は逆方向から、同じく首が折れるほどの風が叩きつけてきたという。もちろん暖など取れるわけもなく、ふたりはわずか一枚のチョコレートを、半分ずつ分けあって極寒の一日をしのいだ。

パタゴニアの嵐とはどれほどのものなのか。これには、より説得力のある体験者の言葉がある。冒頭で「ヒマラヤの比ではない」と語った、坂下直枝の言葉がそれである。

山学同志会の重鎮・坂下直枝は、現在同会の会長を務める澁谷英明をともなって、九六年十二月、山野井パーティと同じルートを頂上直下まで一日で登っている。だが残すところ三ピッチという地点で「(西方にそびえる)セロ・トーレに雲がかかりだしたので」やむなく退却。そこから三ピッチほど懸垂下降したテラスでビバークを余儀なくされた。

普段は冷静な坂下が、身を乗り出して言う。

「命拾いした。荒れたら半端じゃないとは聞いていたが、あれほどの風はヒマラヤでも経験したことがない。ビバークに入った途端、空は真っ暗になり、気温も一気に氷点下に下がり、それこそさまざまな方向から、さまざまな風が吹いて来た。それはまるで、砲撃のように『ヒュー』と来て、『ドーン』と壁にぶちあたるんだ。フラットソールで快適に登っていた壁が、夜には一面真っ白のベルグラに姿を変えていた」

さらに翌日坂下は、懸垂下降に移ろうとして、極めつけの風の威力を見せつけられた。

「ものの三〇センチと離れていないのに、澁谷と話ができないんだ。いくら怒鳴っても、まったく声が聞こえない。たとえて言うなら、風音に声がかき消されるという程度ではなく『風が、声ごともっていってしまうんだ』。それだけならまだしも、懸垂下降しようと思っても、体が下に下りていかない。下りていかないどころか、背中のザックが落下傘のように持ち上がった。そんな状態だから、（懸垂をし終わったあと）末端を離した途端にザイルが風にもっていかれ、何度も岩角に引っ掛かって取れなくなって、五〇メートルザイルを結局、二本とも二〇メートルほど切断した」

「たかだか三ピッチ下りるのに、七時間もかかった」という。

しかし坂下の体験は、なお夏である。山野井らのビバークが、どれほど苛酷であったかは想像に難くない。

翌二十五日、風はおさまったものの大量の降雪で退却を決意。しかし皮肉なことに、下りるにしたがって空が晴れてきた。だが岩田の手の指が、すでに醜くふくれあがっていた。

言うまでもなく、このときの天候回復は天啓ではなく、山野井にとってはこれ以上にない人間的試練であった。「突っ込めば突っ込める」「だが岩田を見捨てるのか」「でも何がなんでも頂上を極めたい」「ここで引き下がったら、自分はこのままだめになる……」

このとき山野井は、いっとき獣になったのかもしれない。

明けて七月二十六日、山野井は岩田に別れを告げて氷洞を飛び出す。まともなビレーもとらず、駆け上がるようにして岩と氷を食み進んでいった。自己確保用のザイルとは別に、常に腰から垂らしているバック・ロープが「いつも自分の頭の上でブンブン舞っている」猛り狂う烈風のなかを。それこそクライミング・マシーンのようになってがむしゃらに登り続けた。気がつくとわずか一日で、前回の最高到達地点であるビバーク地点までたどり着いていた。

だが万事休す。ここで山野井は前にもまして、壮絶なる一夜を強いられた。「コンボイがハイウェイを通過していくような」轟音とともに爆風が、夜半過ぎにビバーク地めがけて襲ってきた。前回は岩田がいて、お互いの体を支えにして何とか踏みこたえられたが、今回はすがるべき何物もない。しかもこの夜の爆風は、ツエルトごと根こそぎもっていかれるほどの威力を秘めていた。「このままでは吹き飛ばされる」「岩壁下まで叩きつけられて死ぬ」。そう直感した山野井は、捨て身の覚悟でツェルトをはぎとり、ピッケルとバイルを力の限り足元の雪面に打ち込んだ。座った姿勢のまま、その二本の支えにしがみついて、唸りくる暴風雪にあらがうためである。「ぼくにできるのは両腕に力を入れ、歯を食いしばって耐えることだけだ。風よ、気のすむまで吹け」と山野井は記録に書く。だが風はあざけり笑うかのように、時間を追うごとにますます吠え狂っていった。パタゴニアの冬の、しかも極寒の深夜の闇夜の嵐。「死んでもいい」と思って、山野井は踏ん張り続けた。

その形相が、山野井の体の震えまでもが、私にはひしと見える気がする。

岩田がのち、本人から聞いた話によれば「ションベン垂れ流しでしがみついていた」という。

ほぼ十二時間近くをその姿勢のまま耐え抜いたのち、翌二十七日の昼ごろになってようやく嵐はやんだ。もはや両腕は凍りついたように固まり、烈風に打たれ続けた体は全身が痺れるほどに強ばっていた。それでも信じ難いことに、山野井はなお上を目指した。くたくたの体に鞭打って、アイゼンのつま先をガリガリ滑らせながら、ただ一カ所冷静な脳からの「落ちたら死ぬぞ」という指令にしたがって……。

蛮勇だろうか。狂気だろうか。私は山野井の、屈辱感の深さを見る。

この日は頂上の肩へと続くコルまでザイルを延ばして、再びビバーク地に戻った。

翌七月二十八日、執念の登攀にふさわしいフィナーレとして、フィッツロイはいっときだけほほ笑んだのかもしれない。十二時三十分、これ以上なく晴れわたったフィッツロイの頂に、山野井は立った。二年越しの雪辱をついに果たし、戦いに戦い抜いて頂上を極めることで、みじめに敗北した自分を超えた。その喜びたるや、いかばかりだったろうか……。

だが不思議と「感動は少なかった」という。

これがヨセミテやトールであれば、登りきってしまえばあとは楽な下降が待っているだけに「ついに抜け出た」という感慨だけで歓喜にひたれる。だがフィッツロイは、そのあと登りに倍する困難が待ち受けている懸垂下降が残されていた。頂上で歓喜にひたり、それだけ身も心も緊張を緩めてしまえば下降の余力がなくなることを、山野井は承知していた。だから山野井が「ついにやった」と小さく口走ったのは、頂上をわずかにあとにしたときのことだった。

夏のフィッツロイを敗退した坂下パーティが「三ピッチ下りるのに七時間もかかった」と言うように、山野井の下降もまた尋常ならざる困難を極めた。いっときの晴天はすぐにも崩れだし、再び唸りだした烈風にザイルが何度も巻き上げられ、それが岩角に引っ掛かるたびにうんざりする登り返しを強いられた。「このペースではとても下りられない」「もう一度荒れたら今度こそ死ぬ」。そう思って山野井は、通常の二重ザイルによる懸垂を早々に諦め、懸垂の支点にスカイ・フック（鈎状の登攀用具）を引っかけるだけの一本懸垂で、全二十数ピッチにおよぶ、奈落の底に下りていくような下降をひたすら続けた。

南西岩稜を下りきるだけで、じつに十二時間。やっと一息つけるイタリアン・コルにたどり着いたのは、二十八日深夜だった。だがここでもまだ、とどまるわけにはいかなかった。長期の嵐を予感させる風が吹いていた。しばしの休息のあと、決して安全ではないコルからの雪壁をフィックスをたどって下降を続け、それからなおベースまで続く気の遠くなる雪深い氷河の道を、それこそフラフラの状態になって下っていった。何度も何度も転げながら。

ベース着、二十九日十六時。限界をはるかに超えた、じつに二十八時間ぶっ続けの下降であった。

小屋の入り口に倒れ込んだとき、そこにはふたりの友と、山のような食料と、何より凍えきった自分を癒してくれる〝人間の温もり〟が満ちていた……。

「ここでなら死んでもいい」と山野井は思ったという。


人間だれしも一度や二度は〝屈辱的なまでの挫折〟を経験する。しかしその敗北感を、自分の力で乗り越えない限り、ひとは決して前には進めない。それこそ山野井のように、命を賭してでも乗り越えなければならない踏ん張り時が、ひとの人生には必ずやある。この意味でフィッツロイは、このあとヒマラヤの巨壁に次々と挑むことになる山野井の、人間としての、クライマーとしての〝人生の跳躍台〟になったのではなかろうか。

あの日別れた友、千脇淳は今、「俺は本気だ」と言った言葉のとおり、貿易業の第一線で生きている。

第七章
奥多摩の日々

ふたりの日常

ひとがひとと出会い、やがて恋に落ち、愛を育んでいくとはどういうことなのか。山野井にも二十五歳のとき、そんな女性との出会いがあった。それが長尾妙子、九歳年上の現在の妻である。ふたりを眺めていると、夫婦の絆とは何かを考えさせられる。

山野井と長尾妙子が一緒に暮らしはじめて、もうまるまる六年が過ぎようとしている。ふたりは九二年春、ここ東京都西多摩郡奥多摩町の借家に、居を定めた。狭い谷間の崖地に建つ、家のすぐ下を渓流が流れるその家は、四季を通じて水音に包まれている。

マカルー遠征の記事を書くために、私が初めて山野井の自宅を訪れたとき、あいにく初冬の空は、重苦しくどんより曇っていた。ただでさえ狭い谷あいで、そのうえ薄ら寒い陽気も手伝って、山野井はまだしも、妻の妙子に対する印象は、必ずしもいいものではなかった。

「愛想のない女だな」と思ったことを覚えている。

奥多摩湖に通じる国道を外れ、「本当にこんな場所に家があるのか？」と疑いたくなるほどの崖沿いの隘路を進んでいくと、たしかにその家はあった。初めて訪れるひとは、まず間違いなく不安になるに違いない。だからだったのだろうか、車を家のそばで停めるとすぐに、山野井がにこやかに出迎えにきた。見るとサンダル履きで、ひざが大きく飛び出たヨレヨレのジャージをはいて、たしか暗い色の羽毛服か何かを羽織っていたように記憶する。

「すぐわかりました？」と初めての来訪者を気遣う表情は予想していたとおり、笑顔の似合うひとなつっこいものだった。それに引き比べ、家の前にヌゥ～とたたずんでいた長尾の人となりは……。山野井よりひと回り大柄で、同じく薄汚れた感じのジャージに水玉模様の半纏を羽織り、やや猫背かげんで、オカッパ頭に田舎くさい顔をのせたその風貌は――あえて率直な印象を書けば、どこか牛のようであり、ましてや笑顔はチラとも見せず、それどころか上目使いに「いったい何者が来たのか?」というふうにこちらをうかがっているようだった。「なんでこんな陰気な女と山野井は暮らしているんだ……?」。私の偽らざる心境だった。

それから一年以上、私はふたりを眺めてきたことになる。

築六十年の木造平屋建のその家は、昔の街道宿のように道のすぐそばに建ち、道から一段下がって入り口がある。低い軒をくぐるようにして入り口のサッシ戸を開けると、何足もの登山靴が整然と並べられた三和土《たたき》(土間)がわずかにあって、さらに一段高くなった上がり框《かまち》に、障子戸が仕切られている。今風の玄関はなく、障子戸で隔てられた上がり間の八畳と左手奥に続く八畳が、ふたりが起居する場になっている。ほかには上がり間の右手奥に、カマドのある広い台所と六畳ほどのスペースがあり、風呂とトイレは、奥の間の左手奥に設けられてある。おもしろいことに、崖地の傾斜を利用して地下にもうひとつ部屋が作られていて、そこは山野井のトレーニング・ルームになっている。天井が異様に低く、さすがに六十年の歴史は否めない古い作りだが、ふたりで住むには十分過ぎる広さである。

上がり間に入ってまず気づくことは、「物がほとんどない」ということかもしれない。目につく家具と言えば、せいぜい書棚が三つほど。とりわけ、奥の八畳間はガランとしている。電気製品も、テレビとビデオとラジカセとファックス付き電話があるくらいで、これとて目立つことはない。しかもふたりによれば、これらの家財道具は、表に停めてあるワンボックスカーやマウンテンバイクも含めて「すべてひとから貰ったものか、拾ったもの」だという。決して殺風景には感じられないが、無駄なものは見事に何もない家である。

私が訪れた日がそうであったように、山野井は山に出かけない日は、上がり間の中央に据えられた炬燵に足を突っ込んで、山の資料を読みふけっているか、テレビを眺めている場合が多い。基本的に家では何もしていない。かたや妻の妙子は、一日中台所に立ち尽くし、手の込んだ煮物料理などをせっせと作っている。根が働きものなのか、炬燵にじっとしているようなことはめったになく、聞けば驚くことに、布団の綿の打ち直しなども自分でやってしまうという。

山野井は長尾妙子(左)と、ここ奥多摩の旧家に居をかまえ、登攀活動のベースとした。瑳山ゆり撮影

「わたしはこういうこと（家事）が好き」なのだという。琵琶湖のほとりの農家に生まれ育ち「オバアチャン子だった」せいか、見かけによらず古風な女性である。そのせいだろうか、家の中はいっもきれいに整理されていて、たとえば我が家のように、脱ぎ捨てた靴下などが転がっている光景をまず見たことがない。着ている服こそヨレヨレで、センスにいたっては目をおおうばかりだが、生活にはこざっぱりした清潔感がある。唯一の難点と言えば、食い意地の張っている私の感覚からして、食事がつまし過ぎると感じることぐらいだろうか。

長尾が作った手料理を、山野井は黙々と食べる。私が席をともにした限りでは「うまい」とも「まずい」とも山野井が言ったのを聞いたことがない。「砂糖と油はほとんど使わない」長尾の料理はどうしても薄味で、それでもふたりは「ご飯だけは今でもマキで炊いている」お釜の飯を、二膳から三膳はしっかり食べる。山野井はあぐらをかいて、長尾は常に正座して食べる。ただ残念なことに、豆類や根菜類を煮込んだ料理が多いため、無類の肉好きの私には、やはり献立が物足りない。だから奥多摩を訪れるとき、ステーキやすき焼きの材料を持参することがあったのだが、あるときこんなことがあった。

その日は持参したステーキが夕食の食卓にのぼり、山野井はいつになく目を輝かせて「ステーキなんて、ここに来てから初めて食うんじゃねえか」と言って貪り食っていた。

本来は肉好きなのだが、体脂肪を増やさないために、あえて節制しているのである。

主食こそ好みより栄養のバランスを優先させているふたりだが、好物となると本音はさすがに隠せない。山野井はケーキに目がなく、長尾は和菓子だったら目の色が途端に変わる〝大の甘党〟である。たとえば九五年、『岩と雪』が休刊したときの山岳関係者が集まったパーティで、バイキング形式で並べられたケーキを、長尾は自重しつつも三つほお張り、山野井にいたっては、ペロリと五個を平らげたという。

そんな話を聞いていたから、あるときケーキと和菓子を持参したのだが、ふたりは最初、おあずけを食った猫のように手を伸ばすことをためらっていて、だが我慢しきれなくなって、かすめ取るように口に運んだことがあった。「食べると体重が増えるからなあ」と言いつつ山野井は、これ以上なく嬉しそうな面持ちで「うっめえ」と言ってほお張っていた。とりわけ長尾の、目を和菓子にくぎづけにしてしばらくののち、バクッとくわえたその素早さが、今でも脳裏に残る。その仕草はいかにも〝いけないことをしちゃった〟というふうだった。

ふたりがそれだけ食事に気を遣うのも、生活の中心にクライミングがあるからである。理想の体重を維持し、常から節制に努めなければ、ヒマラヤの巨壁は登れないとわかっているからである。だから収入も、自分たちの必要以上は要らないと考えている。

山野井には冬、富士山の強力というきつい仕事がある。長尾もまた、青梅市御岳山の宿坊旅館で、遠征に出かけているシーズン以外の土・日・祝日、泊まり込みでせわしなく働いている。そのお互いの収入と、山野井が登山用具輸入会社から年契約でもらっているアドバイザー料が、ふたりの生活の糧である。とはいえ年収は世間の平均に遠くおよばない。しかも、アドバイザー料が入ってくるようになったのは九四年からのこと。基本的に昔から「クライミング以外には無駄な金を使わない」つましい生活態度に変化はない。

年に一度の本番と位置付けている、秋のヒマラヤ遠征から帰ったあとの休養期間を除けば、山野井は日々、トレーニングと山登りに明け暮れている。まさに呆れ果てるほど、山登りしかしていないと言っても過言ではない。

入浴後に欠かさずストレッチをして、就寝はおおむね十一時。何もない日は朝の九時まで寝ているのだが、走る日は七時半には寝床を飛び出す。「三日走って、一日休む」のが普段の日課だ。約一時間半をかけて、近在の山道を走りこむ。家に帰ったのちは、腹筋運動と腹式呼吸をやり、九時過ぎに軽く朝食をとる。そして天気が良ければ、間違いなく岩登りに出かけて行く。妙子によれば「疲れがたまっているときは御岳（河原）のボルダーへ、日帰りなら秩父の二子山、奥多摩の白妙、氷川屏風岩など近くの岩場へ、泊まりの場合は甲府幕岩、伊豆城山、城ヶ崎、湯河原幕岩などへ。天気が良くて、体の調子が良ければ、家でボオーとしていることはほとんどない」。くわえて岩が登れない梅雨時は「ほとんど毎年、海外にクライミング・ツアーに行っている」。

事実その通り、これは取材を始めてわかったことだが、山野井はとにかくつかまらない男である。いつ連絡しても留守番電話で、たまに長尾が在宅していても「山に行ってます」とそっけない返事が帰って来る場合が多かった。土・日はまずほとんど、日登の会員とゲレンデに出かけていて、平日は、妙子の仕事が休みなのでこれまたふたりで出かけ、さすがに遠征の準備がある夏は奥多摩にいるものの、秋にはまた、ヒマラヤに出かけて二カ月ほど留守。さらに冬場は「高気圧が張り出してくるとじっとしていられなくなり」冬壁やアイス・クライミングに出かけていく。これが山野井夫婦の、決しておおげさでない日常である。

ただ十一月から五月までの半年あまり、山野井には平均すると八日に一度、富士山の強力という仕事がある。荷揚げそのものは一日仕事だが、前日夕方までに静岡県御殿場市の測候所基地に入っていなければならないため、奥多摩からのアプローチを入れて、最低二日は拘束される。二日ならまだしも、予定通りに荷揚げができる好天は数えるほどしかないため、天候待ちで二日、三日と待機を強いられる場合が多い。担ぐ荷物は三〇キロ。御殿場口五合目まで荷揚げ専用のキャタピラー・ブルドーザーで上がり、そこから徒歩で頂上を往復する。出発したはいいものの、頂上付近の強風が理由で七合八尺の小屋で泊まることもある。天候に左右されるだけに、下山後の予定があらかじめ組めず、そのため冬場は、長期の山行ができないというジレンマもある。

「でも、高所に慣れやすい体作りを考えると、強力を定期的にやるのが一番いい」

そうした考えのもと、二十七歳からレギュラーで始めた強力仕事も、もう五年になる。

思えば九一年、その強力仕事で左足を複雑骨折したことが、長尾と奥多摩に住むきっかけになったのだが……。

八〇〇〇メートルへ

フィッツロイを終えて帰国した九〇年、ビッグ・ウォールの登攀にある程度自信を深めた山野井は、いよいよヒマラヤの巨壁への挑戦を真剣に考えはじめた。とくにこの前年、スロベニアの天才ソロ・クライマー、トモ・チェセンが「ジャヌー北壁ダイレクト・ソロ」というとてつもない記録を打ち立て、それが大きな刺激にもなった。「自分もチェセンのような登攀がしたい」。だが高所の経験がなく、周囲の日登会員のなかにもヒマラヤ経験者はいなかったので、帰国後早々「機会を求めて」東京都山岳連盟（都岳連）が主催する高所登山研究会に顔を出した。初めに断っておけば、ヒマラヤの高峰登山には当該国政府の許可が必要で、また許可申請の事務手続き上、申請地域によっては日本山岳協会の推薦状が必要なため、トールやフィッツロイのように、個人では気軽に出かけられないのである。

この研究会で山野井は、すでに高所登山のエキスパートとなっていた、小西浩文や長尾妙子らと初めて出会う。ふたりは実績を買われて、都岳連の海外委員に名を連ねていた。

研究会自体はひどくつまらない内容だったが、ソロ・クライマーとして名が知られていた山野井は、会の終了後、小西に「一緒にメシでも食いにいこう」と誘われた。小西は一見、猛禽を思わせる風貌のため近寄り難い印象を与える男だが、意外に気のいい人間である。年齢も山野井より三つ上だということもあり、小西は兄貴分という感じで山野井を、その後の〝飲み会〟にも連れ歩いた。酒の飲めない山野井が、誘われるままについて行ったところに、小西の開けっ広げな人間性が見て取れる。山野井によれば「自分が登山界のひとたちとかかわりあいをもちはじめたのは、この飲み会がきっかけだった」という。

フィッツロイから帰国後、山野井は北区田端にアパートを借り、アルバイトも斎藤直の紹介でビルの窓拭きを始め、一時期のような放浪無宿の生活とはおさらばしていた。しかし定期的なアルバイトに就いたぶん「夜はヒマなので」、その後も小西に誘われるままにさまざまな飲み会に顔を出した。そんな席で小西はたびたび「これからはストックをついて登る時代じゃない（無酸素でバリエーション・ルートを登るのが当たり前の時代だ）」と力説した。それを聞いて山野井は「このひとは（時代が）わかっているなあ。このひとについて行こうかな」とも考えたという。根が素直な性格だけに、多様な人間がいる登山界という世間に初めて触れて、このころ山野井は、単純に高揚していたのかもしれない。

こんなつきあいの延長線上で、小西が副隊長を務めることになっていた翌九一年の「ブロード・ピーク遠征隊」への参加が急遽決まった。「誘われたこと自体、すごく嬉しかった」と山野井は振り返る。高所登山の機会を求めていたのに加え「ソロ・クライマーは当時も今も、組織には受け入れられない雰囲気があるから」でもある。だから山野井は、小西の誘いを意気に感じて「初めて真剣にトレーニングをしはじめた」。

これまでのビッグ・ウォールの登攀で、山野井がろくにトレーニングをしていなかったというわけではない。ただそれまでの、おもに筋力強化に重点をおいていた方法を、低酸素という高所の特質を考えて、心肺機能を高めるトレーニングに切り替えたのである。

窓拭きのアルバイトから帰ると夜、上野公園を黙々とランニングした。またランニングに加え、マンションの非常階段を駆け上がるダッシュも繰り返した。「よく屋上で、中学生がタバコを吸っていたり、エロ本を見ていたりしていた」が、いさい構わずダッシュを繰り返した。そんな中学生たちに「からまれたりしなかったのか?」と心配するムキもあろうが、負荷を与えるために口にはマスクをしていたので、逆に気味悪がられた。あるときなどは、闇夜にマスクの格好で普通の道路でダッシュをして、前を自転車で走っていたオバサンがひっくりかえったこともある。痴漢か物取りに間違えられたのだ。「そんなことがあってから、マスクをして走るのはさすがにやめた」。

隊への参加が決まり、「ベースから一気に頂上を往復しよう」と意気投合した小西とは、俗に言うカモシカ山行(長時間縦走)も行った。たとえば九〇年十一月、奥秩父全山を二十二時間で踏破するなど、山を走りに走った。

得意の登攀もものすごい。九〇年十二月、屏風岩一ルンゼ～四峰正面壁甲南ルート～前穂頂上～横尾をソロで二十三時間。九一年三月、一ノ倉沢一ノ沢右壁左方ルンゼをソロで出合から一時間三十分。さらに同三月、一ノ倉沢滝沢第三スラブをソロで出合から稜線まで、なんと二時間三十分で駆け抜けている。「取り付きまでトレールがあったから」とは言うものの、おそらくルートの登攀自体は、史上最速タイムだろう。

真剣にトレーニングした結果、体力・スピードとも絶好調だった。

しかし個人的にそうまで鍛えても、自分の思いどおりに行かないのがヒマラヤの困難さであり、そして組織登山の難しさである。

山野井が参加したブロード・ピーク遠征隊は、この当時、都岳連海外委員長を務めていた人物が組織した同人的登山隊で、副隊長に小西のほか、隊員はいくつかの社会人山岳会から集まった六名で構成されていた。そしてこのなかに、会計係として長尾妙子もいた。長尾はこのときまでに、マッキンリー、アコンカグア、ナンガ・パルバット、エベレストなど多くの高所登山を経験しており、「男勝り」と言うよりは「男よりもはるかに強い」ことで知られていた。体力がずば抜けているだけでなく、グランド・ジョラス北壁ウォーカー側稜を女性では初めて冬季登攀、モン・ブランでもプトレイ大岩稜ボナッティ＝ゴビ・ルートを冬季第二登しているように、クライマーとしても一級の実力をもっていた。だからだろうか、長尾は会計係として当初、人員増がもたらす繁雑さから山野井の飛び入り参加に反対したのだが、そんな長尾を山野井は「なんだこいつは」と苦々しく思う一方で、「どこか俺と似たような奴だな」と眺めていた。

日登の先輩・根岸利夫が山野井本人から聞いた話によれば、遠征のトレーニングをかねてふたりが鹿島槍ヶ岳北壁に出かけたとき、「山野井がトップを行くと、長尾が負けじとついてきて、だから山野井は『こんな女に負けてられるか』と思って歩いていた」という。

山野井二十五歳、長尾三十四歳のときのことである。

総勢八名からなる遠征隊は、当時としてはまだ先鋭的価値のあった〝無酸素全員登頂〟を目標に、九一年六月、パキスタンに向け日本を出発した。九日間のキャラバン中、マキを取りに行ったポーターが岩場で転落死するというアクシデントもあったが、ほぼ順調にバルトロ氷河最奥にベースキャンプを設営した。そこは世界第二位の高峰K2が、さらにはクライマー憧れのガッシャブルムⅣ峰（G4）が、指呼の距離にそびえ立つ別天地である。山野井は日記に「G4はさすがにすごく……K2は巨大ですばらしい」と初見参の喜びを書いている。また隊にとって幸いなことに、この年ブロード・ピークには、イエティ同人隊、東京農業大学隊が先行して入っており、ルート工作の手間が軽減できるぶん、八〇四七メートルの頂上は近いように思われた。

だがこのあと隊は、ヒマラヤ特有の悪天候にスムーズな行動を阻まれ、また遠征にはつきものの〝感情の軋轢〟に直面していった。

一般のひとにはあまり理解されていない事実だが、ヒマラヤ登山は二カ月あまりの登山期間中、毎日行動しているわけではない。むしろ悪天候のため、テントに閉じ込められている日数の方が圧倒的に多い。くわえて八〇〇〇メートルもの巨峰になれば、ベースキャンプ自体の高度が五〇〇〇メートル近くなるため、そこに居るだけで体力が消耗していく。したがって悪天候に行動をはばまれ、日を追って疲労が蓄積していけばだれだって、いつしか精神的にささくれだっていく。時としてそのストレスが、個人攻撃というじめにも似た行動に発展することもある。とくに混成隊の場合、日頃の交流がないだけに、ひとたび感情がもつれると、修復は容易ではない。

こうした隊の雰囲気を敏感に察知し、冷静な判断を下して隊員の士気を鼓舞するのが隊長の役目なのだが、何人かの隊員の証言を総合すると、隊長にはその能力が欠けていたようだ。隊員のなかには「ルート工作、天候判断など、隊長としての指示がいつもあいまいで、そのためしだいに隊の統率がとれない状態になっていき、自分の隊にいづらくなった隊長は、ひとりで農大のテントに入りびたっていた」と語る者もいる。いずれにしても、日々たまっていくストレスが、そのはけ口を求めて、隊長への個人攻撃というかたちで顕在化していった。

それでも登高は続けられ、七月中旬の一回目のアタックは失敗したものの、七月三十日、二度目のアタックで山野井、小西、長尾ら五名が無酸素登頂を果たした。だがこのとき隊長は、一回目のアタックで隊員一名が滑落負傷し、その隊員に付き添って下山していたために、すでにベースキャンプにいなかった。指揮官不在のなかでの、隊員だけの判断による自力登頂。のちに隊長は、それまでの鬱積した隊員の不満が爆発するかたちで「つるしあげを食った」という。

高所登山について多くを学んだ初めてのヒマラヤ遠征。ブロード・ピークにて

山野井はブロード・ピーク登頂後、引き続いてキャシードラル（バルトロ氷河に面する岩峰）に向かったのでつるしあげの現場にはいなかったが、これらの経緯をこんなふうに振り返る。

「しだいに体力がなくなっていき、気持ちが殺伐となるのはヒマラヤでは仕方がない。自分もチームに入った以上、批判はしないが、事実だけを言えば、だれかがだれかの悪口を言っているのが、自分としてはつらかった。山で、ひとの悪口を聞かされるのが、嫌だった」

そして隊の雰囲気をひと言で言うならば「社会をそのまま引きずっているな、と感じた」と。

そんな険悪なムードが漂うなか、山野井はこんな行動も示していた。この逸話は、のちに山野井から遠征の後日談を聞いた、斎藤直の言葉である。

「隊長さんが、自身にとっての最高到達点で『記念写真を撮ってくれ』と頼んだんだそうです。『これが人生最後、人生の最高到達点だ』と言って。それで山野井が写真を撮り、でもうっかりカメラを落としてしまって、ほかのメンバーは危ないからやめろと言ったのに、山野井は命懸けで取りに行ったんだそうです」

ヒマラヤ遠征の、知られざる側面である。

一方で八〇〇〇メートルという高度は、それが無酸素ならなおのこと、肉体的には苛酷すぎる環境でもある。ブロード・ピークは極論すれば、歩けば頂上に着く易しい山だが、山野井は日記に「(登頂後、高度障害で頭がボケ)ぼくは自分がどこにいるのか時々わからなくなっていた」と書いている。同じく日記によれば、ルート工作中、「ぼくは一度C3(七〇〇〇メートル)で吐」き、一回目のアタックでも「阿部さんは目が見えなくなり、長尾さんはコルで吐」き、エキスパートの小西でさえ「今度は小西さんが目が見えなくなって」いたという。

無酸素登山とは、どれほど肉体を酷使するものか。これもヒマラヤ登山の側面である。それらをすべてひっくるめて、山野井は次のように振り返る。

「チーム登山では、自分の判断で行動ができない。自分の判断が正しくて、自分の判断なら生きて帰れる自信があっても、自分の思いでアタックできない。なぜかこの遠征だけ、メンバーの顔だけが浮かんできて、今でも、肝心のブロード・ピークという『山』が思い出せない」

山を感じるのではなく、隊の人間だけを見てしまう。すなわち登るという行為そのものの〝崇高な楽しさ〟を味わえない。山野井はこの遠征で、高所登山のノウハウを学んだ一方で、ほとんどの遠征隊が見落としている〝チーム登山の悪しき本質〟を見抜いてしまったのかもしれない。いずれにしても、自分の体力が高所に充分通用することと、やはりソロでなければ真の充実感が得られないことだけは、たしかに悟ったようである。

それから五カ月後――山野井はベッドに横たわる。

伴侶

おそらくこの言葉が、ふたりの深い絆を言い表しているのかもしれない。

「どう見たって性格の暗いあの妙チャンが、山野井といるとなぜか、ケラケラ声を立てて笑っていた」――ブロード・ピークで一緒に隊員だった、若林次生の述懐である。さらに若林によれば「キャラバンではいつもふたりが並んで先頭を歩いていて」「そばでふたりの会話を聞いていると、お姉さんが弟の話を聞いてやっているようで、とても気持ちのいい光景だった」という。若林は今でも、山野井夫婦と心の交流を続けている間柄である。

そのひととの話を聞いていると、なぜか心がウキウキする。あいづちが打てる。話が通じる。自分と同じ事を考えていると思う。一方語し手にしてみれば、自分の話を楽しく聞いてくれる相手ほど心が和み、これほどありがたい存在はない——それが気が合うということであり、男と女の恋の始まりであり、さらには「いつも一緒にいたい」と思いはじめるきっかけではなかろうか。外見や容貌ではなく、心が通じ合えると思える人間こそが、そのひとにとっての〝理解者〟なのではなかろうか。そして私が思うに、ひとつ事を追及する人間にはあまたの友人よりも、ただひとりの〝理解者〟がいてくれればいいのかもしれない……。

パキスタンから帰国したのち、山野井は早くもガッシャブルムⅣ峰へのソロを思い立ち「(ブロード・ピーク遠征で不足を感じた)歩荷力とラッセル力を養うために」富士山の強力仕事に就くことにした。幸いにもこのころ、運良く人員の入れ替えがあり、かつて二十代前半に何度かピンチヒッターを務めたことのある山野井に、経験者として声がかかったのである。

一方長尾は、ブロード・ピークを終えるとそのままネパールに飛び、ベルニナ山岳会隊の副隊長として、秋のマカルー遠征に参加した。だが登頂は果たしたものの、さまざまなアクシデントが重なって最終キャンプに帰れず、パートナーの男性隊員とともに、八二〇〇メートルの高度でビバークする羽目になった。細かな経緯は省くが、男性隊員はビバーク二晩目に息を引き取り、長尾も奇跡的に生還は果たしたものの、手足と顔面に回復不能な凍傷を負った。

山野井の見方によれば「あれは妙子だから耐えられたんだ」というほどの壮絶なビバークで、長尾はその結果、両手の指を第二関節から十本すべて、右足指も同様に五本をすべて、そして左足も親指を含めて三本を、切断した。さらにはあろうことか、顔面凍傷で〝鼻〟をも失った。

表現は不適切かもしれないが、足の指の一本や二本ならまだしも、また男ならいざ知らず、女性でありながら、手足の指先をほとんどなくし、鼻をも落とす事態とは、いったいどういうことなのか。切断面は醜く盛り上がり、床やテーブルに落ちている一〇〇円玉が自分ではつかめず、「あるべきものが、ない」という違和感が、見るものにどれほど嫌悪感を与えるものなのか。本人の気持ちはどうであれ、当事者を見つめる周囲の視線に、どれほどの変化が起きるものなのか。たとえば私だったら、女性としてのその後の人生の不幸を想って、思わず目を伏せるに違いない。酷なようだが、私なら自分可愛さが先立って、間違ってもそんな女性を伴侶にしたいとは思わない。

だが山野井は、そんな長尾にいつしか惚れた。長尾もまた、そんな山野井を心から好いた。

「わたしが十一月に入院して、しょっちゅう山野井は見舞いに来てくれていたんですが、しばらく来なくなったな、と思っていたら、『知ってる？　山野井君、富士山で骨折して入院したんだって』って聞かされたんです」

しばらく見舞いが絶えた時期、つまり九一年十二月、山野井は強力仕事の下山中に落石の直撃を受け、左足脛骨（スネ）を螺旋骨折。まるで計ったように、ふたりとも入院生活を強いられることになった。そしてこの入院生活が、くしくもお互いを強く結び付けたようである。

長尾は翌年二月まで四カ月を病院で過ごし、山野井もまた十二月から三月まで一〇〇日あまり入院し、この間にふたりの気持ちは、急速に近づいた。

さすがにこのあたりの経緯について、ふたりは照れて多くを語らないが、長尾は歩けるようになると、山野井の病院へたびたび外出許可をもらって見舞いに出かけ、山野井もまた日記に「何年振りかで女に惚れちまった。俺が女に惚れてもおかしくないだろう。彼女となら、うまくやっていけるかもしれない」と書きつけている。恋しい男の元へ、女は痛い足を引きずって見舞いに出掛け、男はそんな彼女の訪れを、柄にもなく心待ちにする。ほのぼのとした恋模様だが、すでに指先や鼻がなくなっていた長尾の容姿を想うとき、私にはこう思えてならない。

山野井が長尾に惚れたのは「哀れみからの同情」ではなく、「自分のことを気遣ってくれる」その心根のやさしさに対してだったのではなかろうか。どんなに強がっても、人間はひとりでは生きられない。だれもが心の底に、孤独を抱えている。普段はそれを、日々の生活の多忙で忘れているか、もしくは紛らわしているに過ぎない。

「(独りで生きて、独りで登って)ずっと緊張した日々を送っていたから、妙子の存在が安らぎに感じられた」と山野井は話す。また長尾にしてみれば、手足の指を落としたこともさることながら、〝パートナーを死なせてしまった〟という自責の念が、凍傷の傷口よりも痛んでいたのではあるまいか。だからこそ、自分が救いを

入院中、病院の階段裏にスペースを見つけてトレーニングする

求めるときにそばにいてくれる人間の存在が「安らぎに感じられ」、いとおしく思え、やがて愛へと変化していったのではなかろうか。どんなに強い人間でも、常なら当たり前の健康が害され、さらには精神的に追い詰められた時こそ〝心の支え〟が必要なものである。そして言うまでもなく、その支えに救いを見いだしたとき、外見や年齢差は無に帰するだろう。

だからふたりは「一緒に住もう」といつしか決めた。

こう書くと一大純愛ドラマだが、その後のふたりの行動はケッサクである。「山のなかに住みたいね」「岩場が近いところがいい」という理由だけで借家を探す場所を奥多摩に決め、長尾はリハビリ中にもかかわらず、山野井にいたってはまだ退院許可が出ていないにもかかわらず、いきなり電車に乗って奥多摩の駅を目指した。家探しもそれに輪をかけてアバウトで「奥多摩には不動産屋がないので、駅で借家はないかと聞いたり、適当に飛び込みでひとに話を聞いたり、空き家を見つけて近所のひとにたずねたり……」、行き当たりばったりで貸してくれそうな家を探し歩いた。そんなふたりの姿と言えば、山野井は足にギプスをはめたまま松葉杖をつき、長尾は長尾でまだ鼻がなく、とどめに額の肉を鼻に移植するための手術の処置で、

奥多摩、白妙の岩場でリハビリ・トレーニング

頭には包帯を巻いていた。つまりは、病人の化け物コンビのようなカップルである。それでも格好を気にせず電車に乗り、「借家はないか」と見ず知らずのひとに平気で尋ね、結局初志を貫徹してしまうところが、ふたりの常識では推し量れないたくましさではあるのだが……。山野井も変わった男だが、長尾もそれ以上に風変わりな女性ではある。

家探しは一週間ほど続け、最後に町役場で尋ねるという方法を思いつき、そこで三軒日に紹介されたのが現在の家である。大家が告げた家賃の額は、ふたりの感覚からすると高いように思えたが、さすがにそこはそれ「何者かわからない夫婦に貸すのだから仕方がないか」と思って承諾した。「何者かわからない」どころか、化け物コンビのような夫婦に家を貸した大家さんも、風流と言えば風流な人物である。

とにもかくにも、こうして九二年四月、山野井と長尾は〝ふたりで〟人生を歩きはじめた。

六年を暮らしてみて今、山野井はこう語る。

「それまではひとりで悶々としてたから、妙子と暮らしはじめて、精神的に落ち着いたという実感がある。まあ、手足が全部なくなっては困るけど、たとえ両手両足がダンゴだって構わない。妙子のためだったら、いつだって喜んで死ねる」と。一方長尾は「山野井は子供なんですよ。子供だから集中力があるんです。ソロは集中力がすべてです。だからその集中力を失わないために、余計なことはしてほしくないと考えています」と打ち明ける。

ノロケには過ぎないのだが、長尾の言葉には真実がひそんでいるように私には思える。つまりそれだけ、山野井にとっては長尾という〝理解者〟の存在が大きいということだ。だからこそ、山登りに専念できる理解者と環境を得て、こののち山野井は、次々とヒマラヤの巨壁を陥していったのかもしれない。

これ以降、山野井がソロで壁に挑むとき、ベースには常に妙子がいる。

第八章
妥協せず

ヒマラヤとは

なぜ群れるのか。なぜ数を頼りにするのか。なぜ易きに流れてしまうのか……。日本の大多数のヒマラヤ遠征隊を見て、私は常々苦々しく思ってきた。ヒマラヤ登山黎明期ならまだしも、すでに一九七〇年代中葉に、ラインホルト・メスナーとペーター・ハーベラーのふたりによって、八〇〇〇メートル峰（ガッシャブルムI峰、北西壁）の「アルパイン・スタイル」による登頂が果たされているのである。さらにメスナーはその後、八〇〇〇メートル峰バリエーション・ルート（ナンガ・パルバット、ディアミール壁）の「アルパイン・スタイル」ソロ、そしてついには、世界最高峰エベレストの「アルパイン・スタイル」ソロ、も成し遂げている。つまりメスナーの手によって「ヒマラヤは個人の力だけで登れるものなのだ」という歴然たる事実が、はるか二十年も前に実証されているのである。

かつてヒマラヤの高峰登山は、ごく初期の数例を除いて、「酸素の使用、フィックス・ロープの使用、高所ポーターの荷揚げ要員としての活用」が当たり前だった。とくに一九五三年、エベレストの初登頂がこのスタイルでなされて以降、ヒマラヤの常識として定着した。ベースキャンプから頂上直下まで、何千メートルものフィックス・ロープを張りめぐらし、その間に何カ所かの前進キャンプを設け、ルート工作と荷揚げを繰り返し、最終的に頂上に立つ、というタクティクスが採用されていた。そしてこうした方法を「極地法（ポーラー・メソッド）」もしくは「包囲法」と呼んでいた。

これに対してアルパイン・スタイルとは、「酸素なし、フィックス・ロープなし、荷揚げや前進キャンプを作ることもなし、ベースから一気にアタックをかけ、頂上を踏んで帰って来る」ことを言う。「アルパイン」の名が付されているように、ヨーロッパ・アルプスで尊重されてきた自然な登山形態で、これを七〇年代後半、エベレスト以降定着していたヒマラヤ登山の常識を打ち破る意味で、メスナーが打ち立てたのである。

どちらがよりシンプルであり、より高度であり、登山スタイルとしてまっとう至極であるかは、論を待たない。

ところがどうだろう。七〇年代後半から八〇年代前半にかけて、日本の登山界もこうした先鋭的タクティクスを積極的に取り入れていったのだが、そのころに世界的視野をもっていたクライマーたち、禿博信、吉野寛、鴫満則などが相次いで遭難死するにおよんで、より高度な登山を標榜しようとする機運は急速にしぼんでいった。その結果日本のヒマラヤ遠征隊の多くは、いまだに旧態依然たる極地法をよしとして、進歩も進化も努力もしていない。

マスコミの見識の低さにも一因はあるのだが、八〇〇〇メートル峰に登頂したというだけで、日本では何やらすごい登山家のように持ち上げられる。タクティクスが極地法だったのかアルパイン・スタイルだったのか、ルートはノーマルなのかバリエーションなのか、同時期にほかの隊がどれほどいたのか、高所ポーターを使ったのかどうか、などなどの要素を冷静に分析したうえで、その登山の〝質〟を評価する土壌は皆無と言っていい。だからそれをいいことに、遠征回数や登頂回数を誇らしげにキャリアとして、一流ぶっている「登山家」が少なくない。

一般のひとはほとんど知らないと思われるが、多くの登山隊が集中する人気の八〇〇〇メートル峰ノーマル・ルートは、今やフィックス・ロープのべた張りと言っても過言ではない。エベレストしかり、K2しかり、ガッシャブルムⅡ峰やチョー・オユーやシシャパンマもまたしかり。ルートのいたるところに、毎年何十隊もの登山隊が訪れた結果による残置フィックスが延びている。またフィックスだけでなく、同時期に大量の人間が登るため、ラッセルやルート工作の苦労もさほどない。さらに歴史的にも地形的にも、前進キャンプの位置がほとんど決まっているため、その建設さえも高所ポーターに任せてしまえば、隊員は歩くだけになる。

したがって極論すれば、天気に恵まれて、酸素さえしっかり吸っていれば、今や登れないノーマル・ルートなどないのである。おおげさに聞こえるかもしれないが、その何よりの証拠が、金さえ出せば頂上に立たせてくれる〝公募登山〟の登場であり隆盛にほかならない。

しかしなぜなのだろう。そうまでレベルダウンし、ついには商品化されるまでになってしまった高峰に、なぜ相も変わらず旧態依然たるスタイルで挑むのか。装備や情報も格段に進化し、バリエーション・ルートでさえ、相対的には確実に易しくなっているというのにだ。私が思うに、答えはただひとつ、「安全に快適に、山を登りたいがため」だろう。

いっぱしの登山家を気取ってはいても、冷静に評価すれば凡百のレベルに過ぎない登山者が、いたずらに数を頼み、フィックス・ロープや酸素の使用を当たり前としか考えないのは、わからぬでもない。たしかにヒマラヤの高所とは、それだけ危険かつ恐ろしい領域ではある。

無酸素登山のリスクを、山野井はこう指摘する。

「(無酸素の場合)ヒマラヤ経験者の六割が経験すると思うんだけど、よく『横になるのが怖い』って言うよね。あれは体を横にすると、酸素が肺に入って来なくなるからで、だから夜、寝るのが怖いんだ。酸素が体に入りやすい順番は、歩く、立つ、座る、寝るの順番だから、寝ているときが一番呼吸が苦しいんだ。だからひとによっては、夜中にバッと飛び起きて口をバクバクさせる人間もいるし、もっとひどいのになると、テントの外にまではい出して、空気を吸おうとする奴もいる。そのときの怖さって、子供のころ夜中に寝ぼけて、母親にすがりつきたくなったときの心境に似ているらしいよ」

現実に妻の妙子も、かつてエベレストのC3（七三〇〇メートル）で同様の経験をしており、そのときの圧迫感たるや「まるで首を絞められているような苦しさだった」という。

この酸欠状態が度を越すと、思考が鈍り、ときには目が見えなくなり、やがては高山病を併発して死にいたる。たとえ高山病にかからなくても、注意力が散漫になってミスを犯しやすくなり、滑落などで命を落とすことになる。極地法を採用した場合でも、さすがに最終キャンプから頂上まではフィックスを張らないのが常識だから、それまであった〝命綱〟がなくなるこのときが、最も危ないということになる。現実にヒマラヤの遭難例をひもとくと、登頂後、下山中に滑落死亡した事例は枚挙にいとまがない。

ふたたび山野井は言う。

「（酸欠で頭がぼけると）恐怖心がなくなるんだ。これがヒマラヤでは一番怖い。ヒマラヤの滑落例をよく見ると、叫び声をあげて落ちていくのは意外に少ないよね。

みんな、スゥ〜ッと消えていく。おそらく落ちる瞬間は、本人は意識がもうなくなっている状態だと思うんだ。これに対して、ヨーロッパ・アルプスなどの事故例は、ものすごい声をあげて落ちていく。なかには落ちながら、必死にザイルをつかもうともがく奴もいる。それだけ意識がまだあるんだよね。でもヒマラヤは、スゥ〜ッと消えていく……。これは怖いよね」

こんな話を聞けばだれだって、フィックス・ロープや酸素がほしくなる。たとえアルパイン・スタイルが理想だとしても、それができないのもうなずける。だがしかし、怖いからと言って、自分にはできないからと言って、安易なタクティクスを正当化してもいいのだろうか。克己心、向上心、たゆまぬ切磋、といったアルピニズム本来の精神が、はたしてそこにあるのだろうか。

私は思う。登れなければ、登らないのが潔《いさぎよ》さではないか。補助手段や他力を当てにして山に挑むのは、そもそも山に対して失礼ではないのか。山の価値とは、なかんずくヒマラヤの価値とは、高さや困難や危険にあるのではなく、人間が、肉体的にも精神的にも徹底的に自分を鍛え上げなければ登れないという、その「けだかさ」にあるのだと考える。したがって、「メスナーはプロだから」「外国隊だってやっていることだから」「結局は自分の好きなやり方で登ればいい」などと開き直るのは、批判を承知で書けば、ヒマラヤを登るべき資格も力量もない登山者の〝ざれ言〟に過ぎない。

「山を登るのに、なぜ安全を求めるのか」

山野井のこの問いかけは根源的な意味をもつ。

言うまでもなくこの対極に、山野井がいる。日々トレーニングを怠らず、食事さえも節制して理想の体重を維持し、常に自分に負荷をかけている。その登山スタイルも「これが最も自然に近いスタイルだから」との理由から、アルパイン・スタイルを当然のこととし、しかも、目指すはバリエーション中のバリエーション〝壁〟であり、さらには究極のソロ。付和雷同をよしとせず、先人の偉業を凌駕すべく己れを鍛え、また現実に成果をあげている。日本ではただひとり。いや世界中を見わたしても現時点では、山野井のあとに続く者はない。

ただ私が目をとめるのは、彼が続けている行為の困難さばかりではない。山に対する考え方のその〝質の高さと深さ〟にもである。

クライマーとして

山野井が富士山の落石で負った骨折は、左足の向こうズネの骨が二本とも真っ二つに折れるという、本人の言葉にしたがえば「気がついたら足首が反対を向いていた」というほどのひどい大けがだった。したがって回復も遅く、百日にわたる入院生活をへて九二年三月に退院後、長尾とともに奥多摩に住みはじめてリハビリ・トレーニングに励んでみたものの、七月になっても足の状態は「通常二時間のハイキング・コースを、六時間もかかって歩く」ありさまだった。

だがそのわずか三カ月後、九二年の秋と冬には、ネパール・ヒマラヤの大岩壁と天を突く峻峰、つまりメラ・ピーク西壁（六四七三メートル）とアマ・ダブラム西壁（六八一二メートル）に挑んでいるのである。

そんな足の状態で、普通ならヒマラヤ遠征など考えつくものだろうか。

話は九〇年に立ち返る。

山野井が小西浩文に誘われ、初めてのヒマラヤであるブロード・ピーク遠征への参加を決めたとき、すでに八九年、スロベニアの天才クライマー、トモ・チェセンが「ジャヌー北壁ダイレクト・ソロ」というとてつもない快挙を成し遂げていた。ジャヌー北壁（七七一〇メートル）は、かの山学同志会が七六年、会の総力を挙げて初登攀したヒマラヤ最難関の壁である。だが、時代が違うからいちがいに決め付けるのは同志会の精鋭たちに失礼だが、ダイレクト・ルートをソロで登ったというチェセンの偉業に比べれば、同志会が成し遂げた成果は「多人数で、北壁の端っこをかすめて登った程度の登攀」と言わざるを得ない。それほど怪峰ジャヌーの「北壁ダイレクト・ソロ」は、不可能をこじ開けるような登攀である。もちろんその後、チェセンの記録は眉つばではないかと物議をかもしたわけだが、いずれにしても、ヒマラヤ・クライミングの最高峰が、このとき一個人によって提示されたのだ。

山野井は言う。

「壁の技術レベルだけをみれば、あそこを登れる人間は何人かはいるだろう。だがあの壁に、ひとりで突っ込める人間はまずいない。普通のひとはまず（突っ込もうとする）その一歩が決して踏み出せない。なぜなら、それほど恐ろしい壁だから。下界ではどんな強がりを言っていても、ああいう壁を目の当たりにしたら、だれだって足がすくむ。それが本物の壁がもつ迫力なんだ。それに、たとえ登りきれたとしても（チェセンの記録にあるように）同志会ルートを初見で下りるのは不可能に近い（つまり安全な下降路がなく、最初から最後まで極度の緊張が強いられる）。それをソロで、本当のアルパイン・スタイルで、あれほどの壁でやった奴はいまだにいない」

だから山野井は、世界最高峰に位置付けられるクライミングを前にして「俺も早くあの連中に並びたい」と素直にあこがれた。「連中は特別だから、俺にはとうていできそうもない」とハナからひるむのではなく、「ならば俺もやってやろう」と即座に考えた。だが自分にはまだ、ヒマラヤさえも登った経験がない。「自分の体力がどれほど高所に通じ、自分の体がどう変化するのか」。それを確認するために行ったのが、つまりブロード・ピーク遠征への参加であった。

こうした意識が根底にあったから、たとえば見方の浅いマスコミだったら〝初めてのヒマラヤで、八〇〇〇メートル峰無酸素登頂〟とでももち上げそうなブロード・ピークの成果を、本人は価値あることだとは思っていなかった。むしろその道で、高所で自分が通用することはわかったものの、「登りではわざとフィックスを外して歩き」「下りはほとんど尻セードをしていた」易しいノーマル・ルートを極地法で登ったことを、内心、「恥だ」とさえ感じていた。

だから山野井は、こんなことを考えていた。

「ブロード・ピークはそれなりに真剣に登ったわけだけど、キャラバンの行きや帰りに考えていたことは『ジャヌーに似た、登攀意欲をそそられる山はどこか？』ということだった。とくにブロード・ピークを終えてみて（ノーマル・ルートなら八〇〇〇メートルでも技術的にはそう困難ではないことがわかったので）、とりあえず八〇〇〇メートルという高度へのこだわりはいったん捨てて、『美しく、難しい所はどこか？』を真剣に考えた。そんな思いでバルトロ氷河を歩いていて、目にとまったのが、マッシャブルムとガッシャブルムⅣ峰（G４）だった。とくにG４は、ジャヌー北壁ダイレクトに比べれば多少は易しいから、尊敬するクルティカの登った西壁を見て『これなら俺でも行けそうかな』と眺めていた。いきなりジャヌーは無理だとしても『G４なら自分でも登れるかもしれない』と。そんな思いでコンコルディアから、双眼鏡で一日中、G４をじっくり眺めていたんだ」

眺めているうちに、やがていつしか、G４が次なる目標として心に宿った。

ジャヌー北壁に比べれば易しいとはいえ、G４（七九二五メートル）は知るひとぞ知る難峰中の難峰である。標高こそわずかに八〇〇〇メートルに欠けるものの、三角錐をなして頂上を突き上げる山容は岩の要塞と呼ぶにふさわしく、周囲はほとんど壁で、壁と壁とを区切る各稜線(リッジ)もまた刃物のごとし。この切り立った要塞に、だれもが登れるノーマル・ルートと言うべき登路は存在しない。かのイタリアの鉄人クライマー、ワルテル・ボナッティとカルロ・マウリが五八年に北東稜から初登して以来、じつに二十八年の長きにわたって再登を許さなかった歴史を見ただけでもその困難さが知れるだろう。なかでも西壁は、G4をめぐる壁のなかでも最も困難とされ、ここを実質上初登攀したヴォイテク・クルティカとロベルト・シャウアーの八五年の記録は、ヒマラヤ登山の生き字引『岩と雪』前編集長の池田常道によれば「(チェセンのジャヌーが嘘だとすれば)数あるヒマラヤ・アルパイン・スタイルの登攀のなかの『白眉』ではないか」というほどの評価が与えられている。

そこを山野井は、次なる目標に据えたのだ。真のアルパイン・スタイルで、もちろんソロで、たった一度のヒマラヤ経験しかない段階で……。この意識レベルの高さはどこからくるのだろうか。「クライマーだからかな?」と山野井は言う。

「(登山界の常識にしたがえば) 八〇〇〇メートル峰を登った方が評価されるよね。でもそんな評価には目もくれず、七〇〇〇メートルの難しいところを登るのが、本当のクライマーだと思うんだ。よくクルティカが言うけど、バルトロでとなりあって立っているG2(ガッシャブルムII峰)とG4を比べた場合、だれだってG4の方が美しいと思うはずなんだ。見て美しいし、だいいち山の迫力が全然違うからね。でもほとんどのひとは、登るとなったらG2を選ぶよね。簡単に登れるし、八〇〇〇メートル峰だし……。でも本当の理由は、G4が怖いんだよね。行ったら死ぬかもしれない、って直感的にわかるから。

でもクライマーは、怖いけど美しい方を選ぶんだ。迫力のある山の方を、おのずと選ぶんだ。怖くて取り付けそうもない山を、本気で登攀対象にするかどうかが、クライマーと普通のひとを分ける差だろうね」

怖いがゆえに、挑まずにはいられない。血がカッと熱くなる、しかし極めて静謐な——クライマー特有の美意識なのかもしれない。

だがしかし、ジャヌー北壁の夢へと通じるはずのG4への挑戦は……。富士山での骨折事故によって道を閉ざされた。

そのショックたるや、はたしていかばかりだっただろうか。

深い闇

「これで確実に一年間、ブランクができるという思いがまずあった。つまりそれだけ（順調にステップアップしてきた山の実力の）レベルが確実に落ちるということだ。また目標にしたG4にしてみても、夢が遠のいたというよりは、『確実にこの期間、登れない』という現実の方が重かった。

自分には昔から『俺のクライミング人生は短い』というあせりにも似た思いがあって、（だから入院により、貴重な時間を無駄にすることに加え、それを）自分ではどうしようもできないという現実が、大変なストレスだった。

そしてヒマラヤの登攀を考えた場合、まだブロード・ピークの経験しかなかったから、再度出直すにしても、どのあたりからステップを踏み直せばいいのかがわからなかった。どんなに登りたいと思っても、山はステップの刻み方を誤れば間違いなく死ぬ。でもあのときは（ヒマラヤの壁を登った経験がなかったから）そのステップを組み立てられるだけの『判断基準』がなかった。そんな五里霧中の思いのなかで、まだ未登だと思っていたインドのテレイ・サガール北壁（六九〇四メートル）の登山許可を申請したんだが、これがまた、じつは前年に登られていたという始末で……。

ダブル・ショック、いやトリプル・ショックに見舞われたような心境だった」

この言葉の意味するところはこうである。

クライマーとしての美意識において、どうしても登りたい山がある。だが自分のキャリアから見て、そこを登るには何段階かのステップを踏まなければならない。そのステップを踏み間違えば、死ぬことは分かっている。だがステップを踏もうにも、これまでやってきたクライミングとは質が違うため、どこから始めればいいのかがわからない。しかも自分は入院中で、ステップアップするための時間がなくなるばかりか、これまでせっかく築き上げてきた実力さえ確実に落ちる。最悪の場合、もう山そのものさえ登れなくなるかもしれない……。

さらに説明が必要だろう。

ジャヌー北壁やガッシャブルムⅣ峰は、アルパイン・クライミングの最高峰と言っていい。つまり壁の構造が「岩、雪、氷」で形成されたミックス壁で、これまで山野井が続けてきたクライミングとは〝異質〟なものだった。異質なだけでなく、格段に高度な技術が要求される壁である。

山野井がブロード・ピーク以前まで続けてきたクライミングは、トールにしろドリュにしろフィッツロイにしろ、いわゆるビッグ・ウォール登攀と呼ばれるもので、ごく大ざっぱに言えば「まず空身でザイル一本分（約五〇メートル）のピッチを登り、次にザイルを壁に固定したあと、懸垂下降でいったん下までもどり、再び荷物をかついで固定したザイルを登り返す」という行為を繰り返す登攀である。したがって壁の構造も、基本的にプロテクション（ザイルを固定できる確保点）をしっかりとれる壁であることを前提としている。つまり垂直のがっちりした壁を、尺取り虫のように登り返ししていくのである。

これに対してミックス壁は、壁の構造が「岩、雪、氷」で複雑に構成されているため、プロテクションが取りづらい。取りづらいと言うよりは、取れない部分が多いと言った方が正確かもしれない。したがってビッグ・ウォールのように「ザイルをしっかり固定し、プロテクションさえがっちり効いていれば落ちる心配はない」

ヒマラヤでのソロを目指して多くの時間をアイス・トレーニングに費やす。南アルプスにて

という安心感はなく、極めてリスキーな登攀を強いられる。ましてヒマラヤの、七〇〇〇メートルを超す高峰ともなれば、尺取り虫のように時間をかけていては低酸素で体がやられるので、限りなくフリー・ソロに近いかたちでスピーディーに駆け上がらなければならない。いわば技術的にも体力的にも、最高度の力量が必要とされるのである。しかもソロは、そうしたリスクを覚悟のうえで、あえて突っ込んで行く精神力が必要になる。

登りたいのだが、自分の力量では通用しない。だが挑みたい。現状のレベルに甘んじることはできない。しかし自分は動けない……。

絶対矛盾である。無い物ねだりのかなわぬあがきである。山野井の心の闇が、どれほど深かったかがわかるであろう。

だが山野井は、それでも登りたいと固執した。クライマーとして、より高い次元に挑まずにはいられなかった。無謀だろうか。エゴで無能で身のほど知らずだろうか。だが私には、不可能をこじ開けたチェセンのレベルに準じたいという〝最高度を目指す〟高き志が見て取れる。易きに流れることを「恥だ」と感じる美意識が読み取れる。壁にぶち当たってなお、屈服することを決してよしとしない「鉄の意であった。

そんな山野井に、格好の助け舟となったのが、冬季アマ・ダブラム遠征への誘い志」が目に映る……。

「落ち込んでいた」と笹原芳樹は言う。「あのころの山野井は、かなり落ち込んでいるように見えた」と。笹原は、東京高田馬場にある登山用品店・カモシカスポーツの店長を務める人物で、山野井とは山岳関係者の飲み会で親しくなった間柄だった。笹原は年下の山野井を「見かけによらずまじめな男だな」と買っていて、だから山野井が入院したと聞き、二度ほど見舞いに訪れた。

「(落ち込んでいるように見えたから) そんな山野井を励ます意味もあって、(自分たちが計画を進めていた) 冬季アマ・ダブラムの遠征に誘ってみたんです」

これが九二年秋・冬の、メラ・ピーク西壁とアマ・ダブラム西壁へと至る経緯である。

「アマ・ダブラム？　そんな山もあったのか」

笹原の誘いを受けたとき、山野井は最初はそう思っただけだったという。だがよくよく考えてみると「冬季アマ・ダブラム＝高水準のミックス壁＝G4を登るための格好のステップになる」という方程式が成り立ち、迷いの霧が晴れていくようだった。と同時に一方で「二流のアマ・ダブラムだけでは満足できないから、どこか大岩壁をやろう。しかも今までよりスケールのでかい壁を」という意欲もわいてきた。こと山登りに関する限り、この男の頭は回転しだすと早いから、しかと出口の明かりが見えてきた。

ひとたび決断を下せば行動は早い。まともに歩けない足を引きずって、七月に入ると驚異的なリハビリ・クライミングを開始して、また超人的な回復力を見せた。九月までのわずか二カ月間で、国内第一級の岩壁である、丸山東壁、明星山南壁、奥鐘山西壁、谷川岳一ノ倉沢などで十本以上のエイドおよびフリー・クライミングをこなし、うち明星山のクイーンズウェイとマニフェスト、一ノ倉沢の烏帽子奥壁ディレッティシマといった屈指の高難度ルートは、なんと単独初登を果たしている。「歩けなくたって、岩は登れる」と本人は言うものの、やはり桁違いの登攀能力をもっている男である。そして十月末、妻の妙子と相前後して、勇躍ネパールへと旅立った。

メラ・ピーク（六四七三メートル）西壁は、エベレストのあるクーンブ山群のなかでも目立つ大岩壁で、標高差一六〇〇メートル、ザイルスケール約五十ピッチ。いみじくも本人が「ちょっとステップが大きすぎたかもしれない」と言うように、これまでのビッグ・ウォール・クライミングのなかでも厳しい部類に入るものだった。しかも山野井は「酸素の薄いヒマラヤの高峰で、資料も乏しい」その壁に、果敢にもダイレクト・ルートという新ルートを拓こうとした。初めてのヒマラヤのソロ、しかも本番のソロはじつにほぼ二年ぶり、さらには骨折後の満足でない体に、あえて負荷をかけた。それだけ骨折中、山野井がどれほど悔しい思いをしていたかが、この二重三重の意欲は物語る。

時は秋。とはいえヒマラヤの秋は日本の厳冬の比ではない。山野井の表現にしたがえば「骨まで寒い」凍てた巨大な岩壁に、男がただひとり、じりじりとザイルを延ばしていった。岩は固く冷たく、空気は痛いほどに乾ききっており、体は日に日にこごえていく。ビバークしようにも、テラスの大半は凍りついていて、登攀後の疲労困憊した体をさらに痛めつけた。もの言わぬ壁は、ちっぽけな人間が振るうハンマーなどアリの一槌のごとく巨大にそそり立ち、ときおり落氷や落石を地に降らす。乾いた、静かな、しかし厳しい登攀である……。そしてベースには、夫の復活を期待して疑わない妻がいた。

そんな図を想像すると、孤高のクライミングを至上とするソロ・クライマーの、言葉にならない叫びが見て取れる。

だが山野井本人が「自分の力量の確認のため」登った復帰第一戦は、五七〇〇メートルをもって敗退した。十一月四日ベース着。ノーマル・ルートで順応を果たしたのち十五日から本格的アタック開始。延べ六日間にわたって壁に張りつき、二十数ピッチは登ったものの、予定していた登攀ラインの最上部（ヘッド・ウォール）にクラックがなく、山野井の鉄の意志は跳ね返された。

「敗退だ。ピトンを打ちながら下降を続けた。十五回目の懸垂下降を終えるころには、日が沈んで吹雪になった」と記録にある。

メラ・ピーク西壁の登攀はまだ、心の闇を払いきるには至らなかった。それどころか山野井は、西壁の登攀を終えた時点ですでに、体がボロボロになっていた。

クスム・カングルの取付から見たメラ・ピーク西壁の全貌

新たな境地

「これじゃあ、とても登れねえよう」「山野井は、だめだろう」

笹原は、そう思ったという。

十一月二十五日、それぞれがそれぞれのスタイルでアマ・ダブラムを登るべく、四人のメンバーがルクラに集結したとき、冬季アマ・ダブラム登山隊隊長笹原芳樹は、山野井の体調を見て、半ば隊への同行を諦めたという。メラ・ピーク登攀後の様子を妻の妙子は、「(ルクラに向けて帰りのキャラバンでさえ) 山野井はもうフラフラで、峠を越せるかどうかも心配したほどで、いったん休むと、自分で腕時計をしているのに、『いま何時だ』とわたしに聞くほどへたり込んでいた」と言う。おまけにひどい風邪もひいていた。

それだけメラ・ピーク西壁の登攀が、いかに苛酷であったかをこの事実は物語る。下痢、発熱、くわえて咳や背中の疼痛に苦しんでいた山野井は、ルクラからアマ・ダブラムへのキャラバン中も、笹原いわく「杖をつきながら歩いていて、昼飯のときも一時間、二時間待ってもまったく来なくて、ヨボヨボのトレッカーよりも遅かった」という。山野井本人も「あのときは、すべてのトレッカーに抜かれたな」と振り返る。

皆から離されて、ひとり山道を行く手負いの獅子……。そんな劣悪な体調で、なお山に登ろうとするだろうか。

だが山野井は、再びソロで突っ込んだのだ。「それだけＧ４は大きな夢だったから、ゲロを吐こうが何をしようが、ステップは踏んでおかなければならない」として。そんな山野井を見て――西壁はおろか、自分たちが予定したノーマル・ルートの南西稜さえ登れそうもない山野井が、ベースに着いたのち、独り壁と対峙して、黙々とクライミング・ギアをそろえはじめた姿に――笹原は脅威さえ感じたという。

鬼気迫る執念である。

ネパール・ヒマラヤ最大の登山基地、ナムチェ・バザールの東方にそびえ立つアマ・ダブラムは、クライマーならずとも一度はその頂に立ってみたいとあこがれる、「ヒマラヤのマッターホルン」と呼ばれる秀麗な険峰である。とくに冬季の西壁は、雪の付き方にもよるが典型的なミックス壁をなし、氷・雪壁があり、岩に薄氷が張りついたベルグラがあり、さらにはむきだしの岩壁帯で構成されている。がっちりと効くプロテクションなど望むべくもなく、まともなビバーク・ポイントも得られない。壁に取り付いたら最後、一気に登りきらなければならない。とりわけこの年の冬は氷雪の付き方が少なく、ことのほか壁の状態が悪かった。どの程度の状態であったかは、このとき山野井と同じく笹原の遠征隊に個別参加して、南壁をソロで登ろうとした青田浩が、すぐさま計画を諦めたことで知れるであろう。

その険悪なミックス壁に、山野井はソロで突っ込み、しかも新ルートとなるラインを引いたのである。

山野井には、したたかな計算があった。体調はどん底で、食事もほとんど喉を通らない状態だったが、自分なりの方程式で、アマ・ダブラムは登れると踏んでいた。

「あんなところは、バイル二丁とツェルトさえもっていけば登れる」と。

「メラ・ピークのようなビッグ・ウォールの登攀は、突きつめれば道具とタクティクスで登る世界だから、計画をしっかり立てないと取り付けない。(登り下りを繰り返して何日もかかるから)ザイルは何本必要だとか、ギアはどれだけそろえなければならないとか、ビバーク・ポイントはどこにするとかの、つまり物理的な計算が必要なんだ。でもアマ・ダブラムのような(おもに氷・雪壁で構成され、したが

アマ・ダブラム西壁をバックに、ベースキャンプで

ってダブル・アックスで登ることになり、取り付いたらあとはスピードがポイントになるミックス）壁は、それこそ道具なんかバイルが二本あればいいわけで、計画段階ではそれほど頭は使わない。でもそのかわり（フリー・ソロになるわけだから）物理的な計算よりも、突っ込むかどうかが勝負になる。行ってみて、壁を見て、どう感じるかが勝負の分かれ目になる。つまり動物的な、感覚的な決断が必要なんだ」

ということは——クライマーとしての動物的な感覚が、自分の体調と壁の困難さを秤《はかり》にかけて、これなら突っ込めると自分に告げたことになる。まだ本格的なミックス壁の経験もなく、だからこそ内心「アマ・ダブラムをなめていた」とは言うものの、決断が恐怖を上回ったことになる。

いずれにしても、登れない理由を探すより先に山野井は「絶対に登りきってやる」と思い決めていた。

「あのときの壁の状態では、登るとすればあそこしかなかった」という山野井が登った西壁の新ルートは、標高差一二〇〇メートル。氷河上五一〇〇メートルの取り付きから南西稜の肩六三〇〇メートル地点に抜ける、平均斜度六十度を越すミックス壁である。六十度と口で言うのはたやすいが、実際に取り付けば感覚的にはほぼ垂直に近い。そこを山野井は、ほぼ十五時間で駆け抜けている。楽勝だったのではない。むしろその登攀密度たるや、体がボロボロになったメラ・ピーク西壁の比ではなかった。笹原のこの言葉が、その十五時間の密度を物語る。

「自分たちは、南西稜をアルパイン・スタイルで行ったのだが、とにかく氷が硬かった。(ピッケルの)ピックの先さえ入らないほど硬いんだ。とくに最上部に行くにしたがって、テラテラのブラックアイス状態で、ピックが一ミリ入るかどうかの世界になった。自分たちも最初は気負いがあって、残置フィックスはあえて使わずに登っていったのだが、あまりにも氷が硬いので、(恐ろしくなって)知らず知らずに体がフィックスに寄っていた。あんな氷の状態で、山野井が、西壁を延々登っていたかと思うと……」

「ましてあんな数日前の体調で」という言葉がその後につく。

ベース入り十二月二日。アタック出発五日。六日に西壁を登りきり、翌七日に南西稜から頂上を往復して下山。つまりほぼ一週間、山野井は体調不良でほとんど固形物を口にできず、それでもG4を登るために、鉄の意志を貫いた。西壁登攀中、ザイルを使用したのは垂直の岩壁帯でただ一回。それもザイルが岩角に引っ掛かり、片手のバイル一本で体を支えつつ、ナイフで切り離すという離れ業だった。

執念と、壁と自分を見切る眼力と、これまでに培った技術で新たな壁をものにした。

ヒマラヤの高度なミックス壁を初めて、ほぼフリー・ソロで登りきった感慨を、山野井はこう話す。

「今までにない集中力を味わえた。壁と体が接しているのは四点しかなく、しかもその接点が、わずか一センチにも満たない世界。バランスを崩しただけで墜落する緊張感のなかで、全神経を集中して登っていく。でも（安定したリズムで登れるならまだしも）動きのパターンは一定ではなく、バイルを離して岩をつかむこともあるし、ベルグラだったら強くアイゼンを蹴りこんではいけないし、バイルの打ち方もいちいち気を使う。とくにソロの場合は、ルート・ファインディングを間違うと途端に切羽詰まるし……。時間にすれば十五時間に過ぎないけど、その緊張感はメラの十倍ほどもあったと思う。でもそれらの危険要素が、これまで経験したことのない集中力を自分に課したんだ」

その結果山野井は、こう結論づけることになる。

「ヒマラヤのミックス壁は、ビッグ・ウォールの登攀にはない、バレエを踊っているような解放感が楽しめる」と。

想像してもらいたい。高さ一二〇〇メートルに達する氷壁に、ひとりのクライマーがポツンといる情景を。そしてそのクライマーを、横から眺めたアングルを。雪壁との接点は、右手で打ち込んだピッケルの刃先と、左手で食い込ませたバイルの刃先と、両足のアイゼンのツァッケ（前爪）だけ。見れば靴底の大半は、危うく中空に浮き出ている。足元すぐ下は、寒気が走るほどのスッパリと切れ落ちた空間だ。そこをツカツカと氷を刻んで登っていく。ピッケルを打ち損じれば、もしくはアイゼンがツツーッと壁を滑れば、音もなく物体が虚空を転げ落ちていく。わずか数秒、いや一瞬のうちに点景が、壁から消える。たしかに怖い。これ以上の息詰まる緊迫感はない。だがクライマーは、バレエを踊っているようだと言う。

だから山野井は、かく語る。

「ビッグ・ウォールもミックス壁も、自分はどちらも好きだから、不可能かもしれないけれど、下部はミックス壁、上部は岩壁帯というような最高の壁を、いつの日か、ぜひ登ってみたい」と。

それがこのあとの、ガッシャブルムⅣ峰東壁でありチョー・オユー南西壁であり、マカルー西壁へと挑むことになる美意識である。

妥協せず——言うは易く行うに難しだが、それを山野井は貫いた。だからこそ、新たなクライミングの境地とも言うべき至福のときが、垣間見えたのかもしれない。

「逃げてはならない」という真実をこの経緯は語っているようだ。

第九章
山に溶ける

御岳にて

あれは九七年の、まだ風の冷たい季節のことだったろうか。雲間から薄日が差し込む午後のいっとき、奥多摩渓谷・御岳のボルダーで、山野井としばし遊んだことがある。

御岳のボルダー（巨石）群は、電車を利用すればJR青梅線・御嶽駅を降りてそばの河原に点在し、また車で行くと、地元で大成した日本画家・川合玉堂の作品群を展示した「玉堂美術館」のすぐ目の前にある。駅と美術館を隔てる山間を、つまり多摩川が流れている。その日はたしか平日で、運良く美術館の駐車場が空いており、われわれはそこに車を停めると、河原へと続く遊歩道をトコトコ下りて行った。

「普段はマウンテンバイクでここまで来て、ボルダーでちょっと遊んで、帰りは四十分ぐらいかけて家まで帰る。体が疲れているときなんか、ちょうどいいトレーニングになるんですよ」

山野井はそんなことを言いながら、クライミング・シューズを手にぶら下げている。私は前を行く山野井に「でも、来るときは下りだから楽だけど、帰りはひたすら登りになるからつらいよね」などとあいづちを打ちながら、話題とはまったく別の、ひとつの疑問を考え続けていた。

「なぜこの男はこれほどまでに、岩登りが好きなのだろうか」と。

中学のころより十数年、山野井は正真正銘、山一辺倒の生活を押し通している。定職に就いたことは一度もなく、ほかの興味や価値観に目移りしたこともなく、たとえ登山界では称賛されようと、社会的には何ら評価されない遊びに過ぎない行為を、分別がつく年齢を過ぎても続けている。いくら好きだとはいえ「飽きないのだろうか」「自分の生き方に疑問を持たないのだろうか」「将来への不安はないのだろうか」と考えるのは、ひとり私ばかりではあるまい。

私もかつて二十代の一時期、真剣に山登りに打ち込んだことがある。だがある日、最も血をたぎらせていた岩登りという行為に、突然、飽きた。その感覚は今でもはっきり覚えていて、言葉にすればおそらくそれは「こんなことをやっていて、いったい何になる？」という虚無感だった。胸にポッカリ穴が空いたような、行為に価値を見いだせなくなった欠落感。理由はそれだけではないにしろ、私がある時期を境にプツツリ山をやめたのは「自分が燃えなくなった」その虚無感からだったと言ってもいい。

思うにその虚しさの原因は、当時の最高グレードであった六級ルートをそこそこ登れるようになり、だが力量が向上した分、以前は常に感じていたヒリヒリする緊張感を「味わえなくなったからではなかったか」と今にして思う。どんな困難も、たやすく凌駕できるようになってはおもしろみがない。一か八かのスリルがなくては、岩登りの興味は半減する、と私は考える。

アルパイン・クライミング、とりわけ壁を攀じる魅力はしばしば「麻薬的」だと言われるが、その指摘は大部分で当たっているのだろう。一発ミスすれば死ぬような、命懸けの登攀になればなるほどその代償として、生を実感させる強烈な刺激が味わえる。それだけに、ひとはより強い刺激を求めて、さらなる危険を標榜する。だが麻薬が廃人を作るように、能力ギリギリの登攀を追い求めていけば、やがては死が皮膚感覚にまで迫ってくるか、もしくは本当に命を落とす。極めて嗜虐的な、身の破滅に向かうような行為ではあるのだが、しかしその魅力が、壁を攀じる行為の本質の一部には違いない。趣味や気晴らしではなく、山に自己存在を見いだして真剣に打ち込むとき、だれもが生死の境に足を踏みいれる。そして多くの一流クライマーが、かなりの頻度で死ぬ。

ならば普通の人間は、その境界が垣間見えたとき、パッタリ山をやめてもおかしくはない。死への恐怖心からだけでなく、極めて理知的に、山で死ぬことの損得を計算してもおかしくはない。たとえば高名なフリー・クライマーであり、かつ優秀なカメラマンであり、本人いわく「プロテクションのとれないような、ボロボロの岩場を攀じる危険にロマンを見いだしていた」保科雅則は、こんなふうに言う。

「危険なルートほど『地獄から脱出した』というような至福感が味わえた。でもその至福感を求め続ければ『おそらく死ぬだろう』ともあるとき思った。また至福感のその先に『いったい何があるのだろう?』と考えたとき、危険を追及するクライミングに、自分は醒めた」

おそらく保科のこうした考え方が、ごく一般的だと私も思う。

だが山野井は、ケタ違いに危険な行為に身をさらし続けてなお、より高次な危険を追い求めている。ソロというスタイルそのものが、そもそも命の刃渡りだと言っていい。だとすれば、ソロという行為の代償には、死の実感や恐怖をも凌駕する〝鮮烈な刺激〟があるのではなかろうか。至福感をはるかに上回る〝絶頂感〟とも言うべき瞬間が、たびごとに味わえるのではなかろうか、と私は考えた。「この男はこれまでに、そうした絶頂感を、何度も味わってきているのではなかろうか」と。「だから普通の人生を選択することに、意味も魅力も感じないのではないのか」と。あるいはさらに「嗜虐的な生き方しかできない人間なのかもしれない」と。

だがしかし、いつのころからかこうした考え方——行為の動機を、代償の価値や神秘的魅力によって説明づける方法論——は「間違っているのかもしれない」と思えてきた。

思えばあの日、御岳のボルダーで山野井が見せた表情や言葉の端々に、そのヒントが隠されていたのかもしれない。

御岳のボルダー群は、数年前まで「日本で最難のボルダー・プロブレム」と言われていた〝クライマー返し〟をもつ巨岩を筆頭に、高さ二、三メートルの岩塊が河原に点在する。したがってヘタはヘタなりに、またエキスパートは存分に、微妙なムーブやトラバースを楽しめるところである。

山野井は河原に着くと「いつもこれがパターンなんですよ」と言って、まずやさしいルートで体を慣らし、それからクライマー返しに何度か挑み、最後に川岸の遊歩道沿いの、地べたを這うようなかぶったトラバースを繰り返して、独特のひとなつっこい笑顔を見せていた。喜々として、心が躍っていて、見るからに楽しそうだった。

やはりうまい。私の技量が問題外のせいかも知れないが、その動きはほれぼれするほど滑らかだった。とくに遊歩道沿いのトラバースは、ややハングぎみの岩角を数メートル移動するのだが、よどみない山野井の動きを見ていると、そこがかぶっているとはとても思えなかった。じつにやわらかで、どこに力が入っているのか全くわからず、ちょうど猿が木移りするように、驚くほど遠くのホールドまで手が伸びた。山野井の身長は、一六六センチとむしろ小柄な方なのだが、なぜか岩に張り

無心で岩とたわむれる。「この感覚で、ヒマラヤも登れたら最高なんだけど」。瑳山ゆり撮影

つくと、ゆうに一八〇センチはあるように大きく見えた。ランジ（飛び付き）にしても「なんであんなところが届くんだ？」と思えるほどに、思い切りよく体が伸びるのである。

「たいしたもんだ。ほとんどエテ公だな」。私はしきりに感心した。

しかしその山野井にしても、〝クライマー返し〟は一度も登れていないという。さすがに最難と言われていただけあって、私の目から見ても、山野井にはとても登れそうもない雰囲気だった。「絶好の体調なら、登れそうな気がするんだけど」と言いつつ山野井は、何度も何度も取り付いていた。

クライミング・シューズに砂がつかないように、まず足元にボロ切れを敷き、次に手とシューズの底に滑り止めのチョークをつけ、岩と正対する。高さは三メートルほどか。取り付きからいきなりかぶっていて、最初はまだスタンスとホールドを固めれば体が安定するのだが、次の一手、さらに次の一手と厳しいバランスを強いられ、かつ体が岩から引きはがされる。しかも核心部は、左手の指先だけで全体重を支えつつ、約一メートル右上の、およそホールドとは思えない外傾したふくらみに飛び付かなければならない。よしんば届いたとしても、丸っこいふくらみに過ぎない右手一本のホールドで、ランジ後の崩れた体勢を支えるのは至難の業だ。それでも山野井は、しつこく挑み続けた。

飛び付く。落ちる。また挑む。また落ちる。あともうちょっと、だが落ちる……。

いつしか山野井の表情が、ゆるんでいた。

岩と正対し、舌なめずりをして、指先のチョークをフッと吹き飛ばすその横顔は、たとえば子供がテレビマンガに夢中になっていて、親に名前を呼ばれてもまったく気づかないときの、まさしく〝それ〟だった。無防備で、しかし集中していて、本人にとっては没我の境地に入っている〝目の輝き〟に近かった。

ふと私は、我が家の長男坊の瞳を想った。

「なんでそんなに好きなんだ？」と帰り道に私は聞いた。と、山野井は……。

「子供が木登りをするのに、何か特別な理由なんか必要ですかね」

「フリーもアルパインも、わたしは全部好きなんですよ」

「ボルダリングをするこの感覚で、ヒマラヤも登れたら最高なんだけど」

これらの言葉の意味を知るまでに、私は長らくかかったようである。

不安というリスク

九二年十二月、冬季アマ・ダブラム西壁の単独初登を成し遂げた山野井は、それまで続けて来たビッグ・ウォールの登攀とはまた違ったクライミングの魅力を、ミックス壁を駆け登ることで味わった。凝縮された時間のなかで、極めて密度の濃い「バレエを踊っているような解放感」を、ヒマラヤの六〇〇〇メートルの高みで実感した。ならばその快感を、より高度な壁で、すぐにも味わいたいと考えて無理はない。だから山野井は、アマ・ダブラムを終えた半年後には早くも「ブロード・ピーク以来の夢だった」ガッシャブルムⅣ峰（G4）の山懐《やまふところ》に立っていた。

早や三度目のヒマラヤである。

九三年七月六日、山野井はあこがれのG4東壁に、ついにバイルを打ち込んだ。

だがしかし……。

G4は先にも説明したように、周囲をすべて壁に囲まれた岩の要塞である。九三年のこのときまでに、北東稜と北西稜からわずかに二回登られてはいたが、これとて下降路になるような容易なルートではない。「登るタクティクスは簡単だが、ではどこを下るのか？」。山野井が最も懸念した点だった。

ここで少しく説明しておかなければならないが、ミックス壁のソロで最も課題となるのは、下降路の確保である。これがビッグ・ウォールであれば、登ったルートを懸垂下降で下りられるが、ミックス壁ではそれができない。プロテクションがとりづらいのと同様に、懸垂下降のためのしっかりした支点もとれないからである。したがって登りきったあと、易しいノーマル・ルートがあれば問題はないのだが、そうしたルートがない場合は、登るよりはるかに危険なクライム・ダウン（後ろ向きで下降する高度な技術）を強いられるか、もしくはクライム・ダウンと懸垂下降を織り交ぜることになる。しかし登攀後の疲れきった体で、ましてや低酸素のヒマラヤで、こうした下降はまず間違いなく命取りになる。ジャヌーやG4、あるいはガウリシャンカールといったすばらしく切り立った峻峰に挑むクライマーがほとんどいないのは、このためである。山野井の技術をもってすれば、すでに技術的には登れない壁はないと言っても過言ではないのだが、ソロにはこうした、決定的な限界がある。

G4の北東稜は厳しい岩稜帯で、一方北西稜は、高難度の雪壁・雪稜で構成されている。したがって下降路をどちらに取るかと考えたとき、北東稜を下降するには懸垂下降のための、相当数のピトン類（ハーケンやボルトなど）が必要になる。だがそれは同時に、余分な荷物をもって登ることになり、そのぶん登攀スピードが大幅に落ちる。スピード勝負のミックス壁にあって、荷物の重さはそれだけでリスクになる。また北西稜を考えた場合、雪壁に懸垂の支点を求めるのは至難の業だから、ふたり以上のパーティならお互いを確保しながら下りられても、ソロではまさに命懸けのクライム・ダウンを強いられる。ましていずれのルートを選ぶにしても、判断力が間違いなくにぶる八〇〇〇メートルに近い状況のなかで、そこを初見で下りるのは限りなく困難だ。

つまりG４に、安全確実な下降ルートはひとつもなく、強いて選ぶとすれば、北東稜がまだましということになるのだが、だがこのルートでは、命を左右する登攀スピードが確実ににぶる。壁の標高差は、これまでで最大の二〇〇〇メートル。登って下りるだけでも最低三日はかかり、もちろんその間、天気がもつ保証はどこにもない。現実に八五年、頂上こそ逃したものの西壁を登りきって北西稜を下降したクルティカとシャウアーのパーティは、頂上直下で嵐にたたられ、水も食料もない

1993年7月、ついにあこがれのガッシャブルムIV峰にまみえた。正面が南壁、その右が山野井の挑んだ東壁

地獄のビバークを四日も強いられ、あの鉄人クルティカをして「死を覚悟した」とまで言わせている。

たとえ登れたとしても、はたして無事に下りられるのか——G4ソロは、そうした計り知れない重圧を秘めていた。

山野井は「常に不安をかかえて登っていた」と振り返る。

その不安に追い打ちをかけるように、G4ではしょっぱなからアクシデントが連続した。まず五一〇〇メートルにおいたベースから、五九〇〇メートルのABC（アドバンスト・ベースキャンプ）にいたる氷河の登りで、山野井は氷河の大崩壊をまともに食らった。「歩いていた二〇〇メートル四方の氷河が、みるみるうちに前方から、まるで波打つように崩れてきたんだ」。当然巻き込まれ、「でも足元の二メートル大のスペースが、沈下はしても崩れなかったので、奇跡的に助かったんだ」。このあとその現場を通った、同時期にG2遠征隊に参加していた妻の妙子によれば「崩れたセラックのはるか上のほうに、（他のG2隊が張っていた）フィックス・ロープがだらんと垂れ下がっていた」という。

氷河に生き埋めになってもおかしくない偶発事だった。

「そんなことがあったから、初めから登る意欲がそがれていたかな」と山野井は言う。

それでも七月六日、満月の夜を待ってアタックをかけた。「これは夢なんだから」と、みずからを後押ししてバイルを振った。アマ・ダブラム西壁以降、山野井が夜間登攀をもっぱらとするのは、日中の気温の上昇による、雪崩や落石のリスクを回避するためであり、雪も締まって登りやすいからである。

「本当に集中していれば、夜でも壁の弱点はわかる」からでもある。

だが再び……。

山野井が挑んだ東壁は、五九〇〇メートルのABCからアイスフォール（氷瀑）を六〇〇メートルほどまず登り、北東コル下方の雪原に達すると、そこから一五〇〇メートルにわたって急峻なミックス壁が突き上げている。七月六日深夜、満を持して山野井はそのアイスフォールに取り付いたのだが、あろうことか今度は、最も恐ろしい雪崩に流された。記録はこう書く。

「上を見ると細いルンゼになっている。やばい予感がする。そのときだ。最初は小さかったスノーシャワーがだんだん大きくなってきた。このままではまずい。脱出しなければ、と思い横に踏み出したとき、多量の雪と一緒に落ちた。両手を広げながら流された。八〇メートルは落ちたか。口と鼻に入った雪をかきだしながら、生きていることを確認した。最初からやりなおしだ。大急ぎで下らなければ……」

雪崩に遭った恐怖は、流された者しかわからない。私も一度味わっているからその動揺がわかる。技術的困難ではなく、ルートの構造的リスクに身をさらさなければならない状況は、言い知れぬ恐れを呼び覚ますものである。もしこのときスノーシャワーが、今少しでも大量だったなら……「生きていること」は、確認できなかったろう。

だがひるまない。「流されたのは自分のルート選択のミスだとわかっていたから」「それに天候悪化の兆しが見えたから」山野井は翌七日夜、再度東壁へのアタックを敢行した。これを逃したらチャンスはないと考えて……。

今度は慎重にアイスフォールを抜け、頂上稜線へと続く斜度七十度、五級ピッチが連続するミックス壁をリズミカルに登りつめていった。だが時を追って、予想どおり天候が荒れだした。

「技術的な問題はなかった。あのままのペースで登れば確実に頂上は陥せたと思う」。だがヒマラヤの悪天が、ついに最終決断を山野井に迫った。標高七〇〇〇メートル、すでに暴風雪と化した嵐のただなかで山野井は「いつになく長時間考えた」という。

「夢なんだから、このまま突っ込むか。でもこの天候で、初見の北東稜が下りられるのか。これまでは気力でねじ伏せてきたが、七〇〇〇メートルのこの高所で、この判断を誤ったら間違いなく死ぬ。たとえ死ぬんでも、こんな遠いところで死にたくはない。せめてベースから一〇〇メートルぐらいの、ひとの温もりを感じられるところで横たわりたい……」

夢へのこだわりと、クライマーとしての冷静な判断が激しく葛藤したとき、導き出された結論は「退却」の二文字だった。降りしきる嵐のなかを、今度は必死に壁から逃げた。

「荷物の重さと、下降路への不安。これが失敗の原因だった。下降のためにピトン類やザイルを携行すると、どう切り詰めても荷物の重さが一〇キロになる。これでは自分の体格では、一級のミックス壁は登れない。ヒマラヤの無酸素の登攀で、五七キロという自分の体重に、一〇キロを超える荷物は重すぎる。また精神的にも、不安をかかえていては登りに専念できない。専念できないから、解放感を楽しめない。（死の）不安と（安全の）重さを秤にかけたとき、どこが切り詰められるぎりぎりの線なのかを、このG４では学んだような気がする」

それともうひとつ、「G４は夢なんだから」という無意識の意味付けが、知らず知らず判断をにぶらせていたことをも、山野井は知った。やはり行為の動機は「ただ登りたい」という、ピュアな衝動であるべきことを。

ではどうすれば、第一級のミックス壁を登りきりかつ楽しめるのか——そこで出した結論が、G４を上回る巨壁ではあるものの確実な下降路が確保されていて、したがって登ることだけに専念できる、翌九四年のチョー・オユー南西壁であった。

溶けこんで……

あまりに容易なノーマル・ルートがあるために「ヒマラヤのモン・ブラン」とも揶揄《やゆ》されるチョー・オユー（八二〇一メートル）は、一方で、標高差二二〇〇メートルを誇る南西壁をもつ。二二〇〇メートルの標高差とは、はたしてどれほどのスケールなのか。私には語るべき経験がない。おそらく圧倒的な迫力でそびえ立ち、そのとてつもない大きさは驚異以外の何物でもなく、地から迫り上がり、かつ天からのしかかるごとき岩と氷の絶壁が、見るものを威圧するに違いない。

「巨大」というよりは、「巨塊」と言うべき壁の存在感そのものが、いざ対峙したとき、悪寒にも似た戦慄《せんりつ》を走らせるのかもしれない。そのチョー・オユー南西壁に、山野井は九四年九月、全行程四十七時間という驚異的スピードで、単独新ルートとなるラインを見事に引いた。同じくこのとき、妻の妙子と遠藤由加の女性パーティもまた、初登ラインであるスイス＝ポーランド・ルートの第二登を果たしている。山野井の単独初登といい、女性ペアの第二登といい、その登攀レベルの高さと質は、掛け値なしに世界的快挙である。

たった二日の登攀で、体重が一〇キロもそげ落ちたのだから……。

「すべてが完璧なコンディションだった。トレーニングも含めて日本出発段階から、心も体も万全だった。自分の数あるアルパイン・スタイルのクライミングで、あれほど完璧なコンディションは初めてだった」と山野井は言う。

だからこそ――至福をはるかに上回る〝愉悦〟とも言うべき感覚を垣間見ること

ができたのかもしれない。

高度差二二〇〇メートルにおよぶミックス壁を登りきるために、山野井は入念な準備をした。まずG4から帰国後、九三年秋にはヨセミテに渡り、エル・キャピタンのノーズなどを登って完登する喜びを思い出した。また九四年の年明けからは、国内でミックス壁を中心に登りまくり、谷川岳幽ノ沢三ルンゼ（二時間三十分）、唐沢岳幕岩左方ルンゼ（単独初登・一時間五十分）、明星山南壁キャプチュード（単独初登・十三時間）など、スピードと技術に磨きをかけた。さらに夏にはヨーロッパに出向き、ヴェルト針峰ウィンパー・クーロアール、モン・ブラン・デュ・タキュルのジェルバズッティ・クーロアール、ブレティエール北西壁ブラウン・ルート、マッターホルン北壁シュミット・ルートなどを足下にして、アックス技術の総仕上げをした。

一方で日頃のトレーニングも怠りなく、脈拍数が四十を切る心肺能力をランニングで作り上げ、またいかなるアクシデントにも対応できるよう、綿密なイメージ・トレーニングを繰り返した。したがってネパールに赴き、ランタン谷で高所順応したあとチベット側のベースキャンプに入って壁と向き合ったときには、妻の妙子に

チョー・オユー南西壁を前に。山野井は左の雪壁から取り付き、上部岩壁を回り込んで頂上に抜けた

よれば「とてもマカルー西壁の比ではなかった」集中力が全身にみなぎっていた。

九月二十一日、「なんとなく良さそうなものがあるような」八二〇一メートルの高みを目指してバイルを振った。ベース発十二時。南西壁取り付き十六時。登攀開始二十時三十分。例によって孤高のミッドナイト・クライミングである。

G4での教訓を生かして、荷物の重さはわずかに五キロ。万が一のためザイルは携行したものの「ロープを使うと登攀リズムが乱れるから」できれば全ルートをフリー・ソロしたいと考えていた。八〇〇〇メートルの巨大な壁を、真の意味でのアルパイン・スタイルで、しかもフリー・ソロで登りきった人間は、過去をさかのぼっても世界でまだ五人とはいない。生存する人間だけで言えば、七八年にナンガ・パルバットのディアミール壁を登ったメスナー、九一年にダウラギリ東壁を登ったクシストフ・ヴィエリツキ（ポーランド）、そして山野井だけだろう。

「ベースを出る前までに、その山に登ることの価値や意味付けを整理する。だがバイルを振りはじめると、それらの理由はいっさい忘れる。あとはもう、ただ登るだけだ」

意味は消えた。いざ出立。同時刻に出発した妻たちへの気遣いも、バイルを打ち込むと同時に消え去った。

月明かりが出ていた。だが南西壁に月光は当たらず、周囲は青黒い闇につつまれていた。ときおり風が吹き、壁からは落氷や落石も落ちていた。それでも冷たく深く、巨塊は静まり返っていた。見上げる夜空は、果てしなく黒く高い……。

ピッケルを振る。あるいはバイルを刺す。そしてアイゼンのツァッケ（前爪）を蹴り入れる。動きは至極単調だ。ピックが食い込む。氷が飛び散る。体が高みへと導かれていく。感覚が鋭利なまでに研ぎ澄まされてゆく。やがて周囲の音が消え、匂いさえも感じなくなり、聞こえるものは自分の吐く息と、ただ上にあがりたいという内なる意識と、ピッケルやバイルを打ち込む音だけになっていった。あたりはしんしんと、痛いまでに凍てていた。

「登りはじめて数時間後のことだったろうか。とりわけ傾斜の立った壁を登っているときに、こんなイメージが想像できたんだ。『今、二二〇〇メートルの巨大な壁のなかに、小さな自分がいる』と。何もかもが冷えきっていて、それに夜だったせいかもしれないけれど、背後に広がる闇の空間と、足元に広がる高度感が、とてつもないスケールに感じられたんだ。『そこを今、小さな自分が登っている』と」

想像してみるがいい。何もかもが凍りついた厳寒の深夜、小さなヘッドランプの明かりが、巨塊を登りつめていく様を。音はない。青黒い闇は動かない。ただ中天に、月光が無言でたゆたっている……。

そんな緊迫と静謐のなかで、演者は自分がただひとり。観客もまた、自分がただひとり。神々しくも温もりのない、ざわめきも気配も感じられない天空の舞台を、山野井は淡々と攀じていった。

「一定したリズムで登っていくわけだけど、氷の状態はところどころ違っていて、ベルグラもあれば、もろい氷もあれば、ときにはコンクリートのように硬いブラックアイスもある。でも集中して登っているときは、どんな局面が現れても、とどこおりなく体が動く。思考と体の反応が、まさに同時に起こり得るんだ」

決して立ち止まることのないスピードで、一定のリズムで氷壁を登り続ける。だがひとたびバランスを崩せば、あるいはバイルを打ち損なえば、瞬時に数百メートルを落下する。リズミカルに登るとはいえ、登れば登るほど高度感は増し、ごくささいなミスが、そのまま死に直結する。フリー・ソロとは、ひとたび滑れば、命を止めるすべはない。

恐ろしくないのだろうか。恐怖に体が強ばってこないのだろうか。虚空を落下する我が身の姿が、ふと脳裏をよぎらないのだろうか……。

だが山野井は、そんな時こそ冷静であると言う。

「たとえば九十度くらいの氷壁を登っていて、ピッケルの打ち込みが決まらない時などは『これで死ぬな』とだれもが思う。恐怖のあまり筋肉が萎縮して、普通のひとなら打ち込みが余計に乱れる。でもこういう時にこそ、あくまでもいつも通りのパターンを持続して、冷静に打ち込めることがある。たとえばバイルが決まらず、支えの腕はもう限界で、しまいには足が外れてしまったときでも、さらに平然として耐えられる瞬間がある。『ここで恐怖を感じたら、死ぬな』とわかるから、より集中力が研ぎ澄まされる」

これがジェフ・ロウの言う「肉体が恐怖から解放される」瞬間なのかもしれない。アイス・クライミングの第一人者、ジェフ・ロウはその著書『アイス・ワールド』が、のなかの一説で、危険が頂点に達したときほど「稀に経験する平静な心の状態」が、「肉体が恐怖から解放されること」が、「ときにはある」と述べている。言い換えればそれは〝極限の集中力が生み出す細胞レベルの平静さ〟であり、喉元に刃を突き付けられてなお、動悸が微動だにしない沈着さであろう。完璧な自己コントロール。あるいは無の境地。

私もかつてただ一度、これに近い感覚を味わったことがある。今ではだれもが簡単に登り、山野井のレベルに比べればお笑い草だが、まだ岩登りを覚えたてのころ、三ツ峠の大根下ろしルートで〝刹那の至福〟を味わったことがある。当時最高のピッチ・グレードを、冬山の訓練として、アイゼン・手袋で登ったときのことだった。もちろんトップロープで確保されてはいたが、絶対に落ちたくなかった。まだ落ちた経験がなかったので、落ちることが異様に怖かった。だから集中した。全神経を張りつめさせた。雨上がりの風が吹きすさび、しかしいつしか風音は絶えた。

呼吸は正常だった。息を止めて力むことは一度もなかった。スタンスがホールドが、あるべき位置にはっきり見えた。無意識に体が動き、自分の吐息だけがかすかに聞こえ、腕力が萎えることも、足が震えることも、一度もなかった。肉体意識が消え、あの一瞬一瞬はまず間違いなく、恐怖の何たるかを忘れていた。

岩登りの醍醐味は「これだなっ」と思ったことを覚えている。

してみると山野井は、ヒマラヤの荘厳な氷壁で、私がただ一度味わった「これだなっ」と思える刹那の至福を、バイルを振るたびごとに玩味していたのだろうか。

登りはじめて数時間をして、山野井は壁に「溶け込んでいった」と言う。

夜を徹して氷雪壁を登り続け、翌二十二日午前四時に中央ロックバンド（岩壁帯）着。ここで二時間ほど休憩したあと、山野井はさらに岩と氷のミックス壁を登り続けた。ところどころ四級を超す悪い岩のピッチが現れたが、集中力を持続してすべてフリー・ソロでこなし、登りはじめて十八時間後の二十二日午後三時、標高七五〇〇メートル地点をビバーク・ポイントにした。取り付きから一気に一五〇〇メートルを駆け登り、残すところ頂上までは七〇〇メートル。「うまくすれば一日で頂上に立てる」と、山野井は疲れきった体をテントに横たえた。

どれほど疲労していたのだろうか。肉体も精神も極度の緊張を強いられ続けてきた。だからだろうか。ビバーク・ポイントを前にした七〇〇〇メートル過ぎあたりから、山野井はもうひとりの「クライマー」を感じていた。

「姿形は見えないんだが、たしかにクライマーだと思える人間が、いつも後ろを歩いていた。連続行動で眠くなってきて、そのうえ直射日光と照り返しでものすごくまぶしくて、そうした疲労からくる錯覚だとは思うんだけど、常に後ろにクライマーがいた。ラッセルやビバーク地を整地しているときも、『なんでラッセルを代わってくれないんだ』とか、『整地を手伝ってくれよ』とか、自分でそうしゃべっていたのを覚えている」

同じような経験は、K2をソロで登った戸高雅史も体験しており、メスナーにいたっては、ナンガ・パルバットのディアミール壁ソロで、見えざる少女と会話さえ交わしている。

既視感《デジャ・ヴ》だろうか。臨死体験に言う魂の離脱だろうか。あるいは潜在意識のなかの「もうひとりの自分」に対する願望だろうか。いずれにしても山野井は、不可知な現象が起こり得る高みに横たわって、ますます山に溶け込んでいった。

「寂しくない」「ひとりでいることが不自然でない」「下界から遠く離れてたったひとりでいることが、とても幸せに思えた」

そして翌二十三日、その溶け込みは最高潮に達した。

早朝六時にビバーク地を出発した山野井は、前日にも増して集中力を研ぎ澄まし「雪壁からミックス壁、そしてまた雪壁」が続く残り七〇〇メートルを、確実に着実に登りつめていった。「考えることは、ただ登ることのみ。クライミングだけに没頭した」。

八〇〇〇メートル地点で、絶望的な垂直の岩壁が現れたときも、左手のバイル一本で微妙なバランスを保ちながら、右手は素手になって難所を乗りきった。乗っ越しでマントルを返した（迫り上がった）とき「過呼吸で酸欠に陥り、目が見えなくなってやばいとは思ったが」常なる冷徹さは失っていなかった。もしそこから落ちれば、二〇〇〇メートルの虚空を真っ逆さまの地点である。ザイルはついに一度も出さなかった。

高度が増すにつれ、ヒマラヤの質感がひしひしと伝わってきた。匂いがなくなり、音がなくなり、いかなる生命も存在し得ない乾ききった異次元空間。だが山野井には、その空間を埋める凍てた岩や雪がいつしか「親しい友人」のように思えてきた。

「岩や雪、それに周囲の薄い空気までもが、自分にぴったりフィットしていた。自分を取り巻く何もかもが『ああ、しっくりいっているな』と体全体で感じられた。だれも手を触れていない、処女地をいま登っているという実感が、自分を満たしていた」

ふと見上げれば、そこは成層圏に達しなんとする突き抜けた深い青……。

たどりついたチョー・オユー頂上はだだっ広い雪原だ。後方にエベレストが巨大な北西壁を見せ、ローツェは雲の中に隠れている

「俺は今、宇宙に向かって登っているのかもしれない」と思ったという。

九月二十三日午後四時三十分、山野井はチョー・オユー八二〇一メートルの頂に立った。頂上は台地状の雪原で、不思議と呼吸は乱れておらず、感動もあまりなかったという。ただ強く感じられたのは、非常に落ち着いている自分がいることだった。放心しているのではなく、疲労困憊の果ての虚脱状態でもなく、ただ心が、凪いだ湖面のように平穏だった。


神々の座を染めるヒマラヤの、暮れゆく残照を背に浴びて山野井は、時間の許す限り、「エベレストの北面だけを見て座っていた」という。

「下りなければならないんだけど、(今いるこのときこの場所が)立ち去り難い」と。

山に溶け込んで、このとき山野井は、ついには溶けきったのかもしれない……。

自分が溶ける——これがクライミングの神髄ではなかろうか。

第十章
自分を生きる

日だまりで……

昨夜来から降り続いていた雪も、どうやらすっかり上がったようだ。九八年三月のとある日、今年何度目かの雪に見舞われたここ山野井の自宅周辺は、淡い雪景色におおわれた。川をはさんで対岸の、山肌を埋めた杉木立はおそらく、山水画の世界をかもしだしているに違いない。

月に一、二回のペースで進めてきた山野井へのインタビューも、今日を限りに最後になる。私は昨日から泊まり込み、今朝も遅い朝食のあとの時間を使ってなお言葉を確認し、それでよしとした。窓から外を仰ぐ。青空が広がってきたようだ。おもむろに居間を出る。日の差し込まない室内とは対照的に、玄関の引き戸を開けるとそこにはもう、まばゆいばかりの陽光が降り注いでいた。

山野井宅は旧街道に面して立ち、玄関を出るとすぐ目の前が街道側壁の石垣になっている。日の当たる場所は早くも雪が解け、それは水音をともなって石垣を流れ落ち、めったに車通りさえない隘路を濡らしている。さらに右手に目をやると、崖道をおおう木立から水滴がしたたり落ち、あるいはときおりドサッと、枝から雪塊ごと滑り落ちた。風はまだ凛《りん》と冷たいものの、心なしかあたりの山の気に、早や春の気配が漂っている。

少し歩く。日だまりにベンチがひとつ。そこからは谷の上流と下流が見わたせる。下流に目をやると、しだいに標高を落とすかなたの斜面が白く煙っていて、それは新雪が日に温められて立ちのぼる山霧だとすぐ知れた。他方上流に目を転じれば、尾根の北側斜面はいまだ雪化粧をまとい、しかし、谷筋から見上げるはるかな高みの、南側斜面に点在する稜線間近の集落は、くっきりと雨後の陽光に照らされている。どこからか、かすかに土の香が漂ってくる。喧噪とはおよそ無縁の、日だまりに時間がたゆたう山間の昼間どき。

私は「できればこういうところに住みたいものだ」と、高く澄んだ空を仰いだ。しみじみ思う。「もう、一年半になるんだな」と。

山野井への取材は九六年秋から始め、気がついたら九八年も早春になっていた。その間に季節は、確実にめぐっていた。思えば春、今は雪景色になっている山肌にピンクや紫の草木が咲き誇り、それは里山の桃源郷を思わせた。また春から初夏にかけては、萌えいづる若葉が風に波打ち、さらにそれが盛夏ともなれば、濃い緑がなだれを打ったように谷を埋め尽くした。秋は深まりゆくごとに、谷全体が黄色く赤く燃え染まり、取材に訪れる行き帰りに、紅葉のトンネルを行くがごとき風情をかもしだした。そして冬、低く垂れ込めた雲は気分をいたずらに重くさせ、だがときおり白く降り積む雪が、目を、心をまぶしく射た。月の大半を首都圏でやり過ごし、抑揚のない季節とけだるい日常からたまさか抜け出していたせいかもしれないが、奥多摩の自然はたびごとに、必ずや私の心を魅了した。

きれいだ、とつぶやいたことが何度もあった。

だがこの美しい風景が、明日には見られないと思ったら——私は山野井の言葉を思い出す。かつて山野井は、ソロで山に向かうときの心境を、私にこう語ったことがある。

「谷川岳でもヒマラヤでも、山に向かって家をあとにするとき、『もう、この風景は見られなくなるかもしれない』と思って、こう、あたりを見わたすんだ」

さりげなく、今日ある命を振り返る。明日には消滅するかもしれない我が身の今を、周囲の風景で確認する。それはどこか物悲しく、たとえば好きだと言えなかった恋人が自分の元を去って行くような、断ち難いやるせなさではなかろうか。

ベンチに腰を下ろす。山野井宅の方向を見る。家は石垣の陰になって屋根しか見えない。だがそんな言葉を思い出すと、今しも家をあとにしようとする、クライマーの後ろ姿が見えるようだ。ザックを肩にかけ、常ならぬ真剣な顔付きで、さりげなく、あたりを振り返るその表情が。どこか寂しげで、しかし涼しげに、死出の旅へと赴くその横顔が……。

だから私は問う。「なぜ登るんだ。なぜそうまでして行くんだ。なぜソロなんだ」と。

私は日だまりで、この一年半という歳月をさかのぼった。

*

遠藤由加とは、彼女が暮らす埼玉県・秩父地方のある街で会った。山野井の妻の妙子と並んで、並の男など問題にならない力量をもった女性トップ・クライマーは、意外にも小柄で、そのうえ華奢で、だからかも知れないが、化粧っ気のないまあるい顔が、童話に出てくる金太郎さんを思わせた。ぶっきらぼうな物言いをする。根はシャイで繊細なのだろうが、どこか気負った風がある。「気を張って生きる女性」に特有の、健気な愛らしさが感じられるひとだった。

遠藤は九二年秋、ヨセミテ、エル・キャピタンの「ゾディアック」でソロを行っていた。そのときの心境が、山野井にも相通じるのではないかと考えて、私は彼女の話に耳をそばだてた。

「ソロを思い立ったその日から、四六時中、クライミングのことばかり考えていました。食欲はなくなり、夜眠れない日が続き、胃がひっくり返されるような怖さがわいてきました。ソロの困難さは、とても言葉で表現できるものではありませんが、強いてたとえれば『明日はもう、(この世に)居ない』という状況を想像してしまう怖さ。そんな怖くて目が覚めるような感覚が、ソロでは行動中にも起こるんです」

いわば疑似的な、明日という未来や期待を断たれる死の宣告。そんな切羽詰まった緊張感が、壁に取り付く一カ月も前から襲ってきたという。

若手クライマーの有望株、雲表倶楽部会員の兼原慶太もまた、早くも二十歳前後にヨセミテでソロを行っていた。十九歳の夏、「タンジェント・トリップ」ソロ、二十歳の夏、「ロスト・イン・アメリカ」ソロなど、早熟な才能だけ見れば、山野井をもしのぐであろう逸材である。長身、細身、内に秘めた負けん気の強さとクライミングへの情熱。「フリーも冬壁も、ビッグ・ウォールも、自分はそれぞれ楽しい」と語る若者の感性を、私は興味深く聞いた。

「初めてのソロのとき、ふと気がついたら、フィフィ（鉤状の登攀用具）一個で壁にぶら下がっていた。要するに緊張感が抜けていて（もしフィフィが何らかの拍子で外れたら）そのまま五〇〇～六〇〇メートル落ちて死ぬところだった。ハッと思って、そのあまりの危うさに気がついたとき、『これ（ソロ）は、とてもやれないな』と感じた」

わずか一瞬の気のゆるみが、墜落死に直結する冷厳なリスク。そのとき一瞬、おそらく兼原の脳裏には、カッと目を見開き、虚空をまさぐりながら両手を広げて落ちていく我が身の姿が、ふとよぎったのではなかろうか。

山学同志会員の中垣大作とは、東京都心の池袋で会った。見るからに髭が濃く、こう言っては失礼だが、むさ苦しさが体全体から伝わってくるようなこの一流クライマーは、外見とは裏腹に、そのよく切れる頭で、よどみなく私の質問に答えた。

中垣は九五年秋、山野井夫婦とカラコルムの尖峰レディーズ・フィンガー南西壁を初登攀しており、彼と会ったのは、この遠征での山野井の様子を聞くためだった。ちなみに山野井は、九四年にチョー・オユー南西壁をソロで新ルートから陥したあと、ヒマラヤ遠征だけを取り上げれば、九五年にレディーズ・フィンガー南西壁（初登攀）、九六年にマカルー西壁（敗退）、九七年にガウリシャンカール東壁（敗退）を経て現在に至っている。

「あの遠征で一番印象に残っているのは、ベースから南西壁にいたる途中のガリーの登りで見せた、彼の集中力のすごさでした。それまで山野井君は、風邪で三十九度の熱を出してベースで唸っていて、だから取り付きまでの荷揚げは、長尾さんとふたりでやろうと決めたんです。そしたら熱でフラフラの山野井君が「俺も行く」と言い張って、仕方がないから一緒に行くことにしたんです。でも、抜かれちゃいました。ガリーの登りの途中で、病人に下からあおられて、しまいには抜かれてしまったんです。これには正直言ってビックリしましたね。だって、荷揚げから帰ったあと、山野井君は再びメロメロだったんですから」

このガリーで九七年夏、カラコルムに残された最後の七〇〇〇メートル級未踏峰・ウルタルを九六年に初登頂した松岡清司が、ソロで挑戦中の荷揚げの帰り、岩雪崩に遭って命を落とした。また松岡と相前後して、かつて山野井が単独初登したバフィン島トール西壁では、阿部剛という若手クライマーが、同じくソロで登攀中に命を閉じた。何らかのアクシデントに見舞われ、壁の途中で行動不能に陥り、死の数日後、岩棚に横たわる骸となって発見されたという。

松岡の訃報を聞いたとき、山野井はめったに見せない沈痛な面持ちで「あそこがレディーズ・フィンガーのいわば核心部なんだ。あのガリーが一番危ない場所なんだ。もし事前に相談してくれたなら、何らかのアドバイスはできたのに……」と歯噛みした。また阿部のしだいを知らされたときは、この一年半でおそらくただ一度、自分の方から私の家に電話を寄こして「こんなことがあったんです」と重苦しく告げた。

レディーズ・フィンガー南西壁取り付きまでは危険なガリーが続く

言外に「志を同じくする若者の死はとても悲しい……」と言いたげに。

死の実感が迫り来るプレッシャー、一瞬のミスも許されない極度の緊張、さらには現実に起こり得る事故。やはりソロにはどうしても、いやおうなく死が付きまとう。ならばなぜ、それでもなお山野井はソロで壁に挑むのか。怖くはないのか。死は恐ろしくないのか。どこかでやめたいとは思わないのか。私は会うひとごとに、その解答のヒントを求めたが、ついに説得力ある言葉は聞くことができなかった。山野井本人にしたところで、取材を始めた当初は「べつにこれだというものはない」という言葉を重ねるだけだった。

仮説

『ソロ』の取材を本格的に始める以前、つまり山野井とはまだ面識がなく、彼の登攀記録などを取り寄せて資料の下読みをしていたころ、私はひとつの仮説を立てていた。「山野井という人間は、その心の奥底に、とてつもない空白感をかかえているのではなかろうか」と。「飢餓感や枯渇感、あるいは満たされない何か、といった負のエネルギーが、彼をして山に、そしてソロに向かわせているのではあるまいか」と。私の経験や認識からして「図抜けたことをやり遂げる人間には、必ずや行為の動機に、そうした負の側面があっておかしくはない」と考えていた。

コンプレックスや癒し難い飢餓感が、人間を貪欲なまでにひとつ目標に向かわせることはよくあることである。たとえば権勢欲で言えば、フランス第三帝国を打ち立てたナポレオンは身長一五〇センチの小男であったし、またかの徳川家康は、人格形成期のほとんどを人質として過ごした、親の愛を知らない人間であったし、近いところでは、今太閤ともてはやされた田中角栄が、貧困から身を起こした宰相だったことはよく知られている。山登りの分野でも、死してなお強烈な異彩を放つ森田勝、長谷川恒男、小西政継らのクライマーたちは、総じて低学歴、下町の工場労働者、社会的エリートに対する非エリート、という境遇的側面をもっていた。もちろん、親の有無といった家庭環境、職業の貴賤、収入の大小などをもって人間に上下をつけるのは愚の骨頂だが、少なくとも本人たちが、みずからが感じるコンプレックスをバネにして、ひとつ世界で抜きん出た存在になったことは疑いのないところだろう。

だから第一に、山野井にも、似たような境遇があるのではなかろうかと考えた。

また一方で、成育環境には恵まれていても、ごく稀にだが先天的資質として、人生に対して懐疑心を抱く人種もいる。画家や音楽家や文学者といった、いわゆる芸術家と呼ばれる人たちがその範疇に入るのだろうが、たとえば、史上最年少で芥川賞を受賞した孤高の作家、丸山健二はそのエッセイ集のなかで「子供のころのある日、何の脈絡もなく突然、人生に空しさを感じた」という意味のことを語っている。おそらくこの丸山が言う「埋めようのない欠落感」が、多くの芸術家をつき動かしている〝創作意欲〟と言えるのかもしれない。換言すれば、自己表現欲とも言えるだろう。

山登りもしばしば自己表現欲の現れだと言われるが、私はむしろ「自己解放」と言った方が正しいのではないかと考える。なぜなら芸術は、無から有を生み出す凄絶なまでの創造行為であって、作者は何もない状態から、内なる自己を投影する「作品」を造り出すのである。しかし山登りという行為は、すでに山という表現対象がそこに存在し、したがってその行為には、どう登るかという〝工夫〟はあっても、内面の自己を投影した「創造性」は認められない。一説にクライマーを評して

レディーズ・フィンガーを望むキャンプ地で

「彼らは壁をカンバスや楽譜に見立て、そこに自分を描いているのだ」とも言われるが、やはり芸術とは異質なものだろう。しかしいずれにしても、では解放すべき自己とは何なのか、と考えたとき、おのずとそこには、日常生活や社会の枠組みに抑圧された「満たされない自分」がいることはたしかであろう。

したがって第二に、山野井の内面にも、芸術家に通じるような、しかも人並みはずれた程度である「満たされない自我」が存在するのではないかと考えた。

そして第三に、行為の動機としてこうした推論が正しいとするならば、もとい、そこから導き出される人物像は「決して芳しいものではないだろう」とも推察した。

私個人は一面識もないのだが、森田勝は周知のように〝狼〟になぞらえるほどのアウトサイダーとして認識されている。たとえば七七年、日本山岳協会が総力をあげて頂上を陥したK2遠征で、第一次アタック隊員に選ばれなかったことを不服として山を下りた逸話があまりに有名だが、一言で言うならば、藤原雅一が語ったこの言葉が、森田の人となりを端的に言い表しているかもしれない。

「あのひとは、ガキだった」

藤原は国内の冬季登攀において、まさに驚異的な数を登り込んでいる希代の冬壁クライマーである。その藤原自身、私が本人から受けた好印象とは裏腹に、はたからは我のかたまりのような男と目されている。その藤原にして「ガキだった」と評するところに、森田の人物像がうかがい知れる。もちろん藤原は、哀惜を込めて語ってはいるのだが……。

長谷川恒男には生前、私自身が一度会っている。だが人物の印象は決して良くなかった。私にとって長谷川は、冬のアルプス三大北壁をすべて単独登攀した天才というよりも、彼が七四年、谷川岳滝沢第二スラブを冬季初登攀した際に、ほぼ同時に同ルートを初登攀した後続パーティに対して「第二登、おめでとう」と言い放ったという、自意識の極めて強い人間として記憶されている。のちに人間が丸くなったと言われるが、私が見た当時の長谷川は「狷介孤高」を絵にかいたような男であった。

この両名だけでなく、クライマーと呼ばれる人種にはどうしても「ギラギラした個性」「尾根歩きや沢登りを一段下に見る尊大な態度」「粗野な行動や物言い」といった悪しきイメージがつきまとう。現実に、私が過去に見知ったクライマーにも、そうした人物が少なくない。たとえばある人物が語った、こうした何げない一瞬を切り取る表現が、かつてのクライマーの気質を言い当てているだろう。

「クライマーって、初対面の人間を、こう、下から睨《ね》め上げるように、まるで値踏みするような目付きで見るんですよ」

挑戦的で、排他的で、いまにも噛みつきそうで……。言い得て妙とはこのことだ。

一方、自己表現欲につき動かされ、絵画や音楽や文学に身を投じる芸術家はどうなのか。これはもう壮絶と言うほかはない。ゴッホしかり、ゴーギャンしかり、ベートーベンやヘミングウェイもそうであり、日本では太宰や芥川がまたしかり。皮相なレベルではなく、人間存在の根源的琴線に触れるような傑作を残した作家たちはおおむね、性格破綻者、極度の病弱、著しい狂気、そして死因は自殺、といった暗黒の側面をもっている。というよりも、時代をへてなお圧倒的な感動を与える傑作を残す人間の内面はまず間違いなく、深い絶望感にさいなまれている。なぜならば、絶望の底から生の輝きを希求するからこそ真の芸術家には、虚飾を排した真実が見え、人間存在の核が見え、またたからこそ、みずからの精神・肉体を破滅に追い込んでもなお表現したいと「内なる自己」が叫ぶからだろう。またそうでなければ、作品に意志など宿るものではない。満ち足りた私生活を送っている人間に、決して傑作は作り得ないと私は考える。

だとすれば――クライマー中のクライマーであり、かつソロという孤高のスタイルを追及している山野井という人間は「おそらくこんな男ではなかろうか」と想像された。

心に満たされない空洞をもち、最後の線では他人を信用しない利己主義者であり、言わば自己顕示欲のかたまりのような「淋しい男ではなかろうか」と。

ストイックだが、粗野で意固地で陰険な……。

だから私は懸念した。「この男は本当に、真実とも言うべきその内面を、はたして語ってくれるのだろうか」と。

この一年半は、そうした仮説を検証するための月日だったと言ってもいい。

戦慄

九六年秋、私は初めて正式に山野井と会った。結論から言えば、意外な男であった。

まず目が印象的だったことを覚えている。俗な言い方だが、瞳がキラキラ輝いていた。近視で眼鏡をかけない女性がよく、見えないがゆえに潤んだ瞳をもっていることはままあることだが、意志をもった山野井の瞳は、それとは明らかに違っていた。言うなれば、今、今日を生きていることが、楽しくて仕方がないという光りを宿していた。

この瞳に魅せられた人間に、登山用品輸入卸売商社「マジックマウンテン」の社長、国井治がいる。山野井を九四年、自社のアドバイザーに迎え入れた男である。国井は老舗山岳会「登歩渓流会」でかつて鳴らしたクライマーで、またカラコルムの雄、ナンガ・パルバットに、執拗に挑み続けたことでもよく知られている。色黒、短躯。そのひと言ひと言に反骨を感じさせる往年の名クライマーは、訥々とこう私に語った。

「自分は昔、超貧乏クライマーだった。高卒後、証券会社に就職して、当時は土曜日も残業に追いまくられた。だから谷川に出かけても、帰りが月曜の朝になることもしばしばで、それこそ若いころは、ドロだらけの格好で出勤していたものだった。そんなふうに仕事に縛られていたから、アルプスやヒマラヤへのあこがれは特に強く、五十歳を過ぎた今でも、不発爆弾を抱えたままこの年になってしまったような感じだ。そんな自分から山野井を見ると、自分の夢を実現してくれる若者を見つけた思いだった。第一に目が違う。食えなくなる不安など気にせず山に徹している。今の若いもんには、決していない男だ」

なかでも国井のこの言葉が、私の注意を強く引き付けた。

「山野井は、会社が提供する登山用具を、決してふたつと欲しがらない」

大規模遠征隊やあまたいる登山アドバイザーたちがするように、寄付品や提供された品々をあらかじめ余分な量まで要求して、それを売ったり、ひとに譲ったりという姑息なまねは、山野井は間違ってもしないのだという。国井が親心で、多少余分に提供しようとしても「まだ充分使えますから」と言って断ってくるという。

品位、という言葉がとっさに浮かんだ。

自分の仮説を検証するために、ある意味では山野井の負の側面を捜し出そうとして始めた関係者への取材であったが、返ってくる山野井評は、まずひとりの例外もなく、なべて彼をもち上げるものばかりだった。

「彼をヨイショする企画ではないから」とあらかじめ念を押しても、皆がみなそうだった。強いて負の要素を挙げるとすれば、「山野井は昔は出っ歯で、そのことを友達にしつこくからかわれて、手の甲を骨折するほどの喧嘩をしたことがある」というたわいない武勇伝や、だれもが人生に惑う二十代前半に、目指す生き方の違いから中学時代からの親友を「失った」というどこにでもある別離や、同じく二十代の前半に、ヨセミテで知り合った年長のクライマーの家を訪れて「親に勘当されるかもしれない」と漏らすほどの確執が一時期、両親との間であったということぐらいであった。私が仮説として考えた「行為の動機となるようなコンプレックスや空白感」は、山野井の生い立ちからは見いだせなかった。

ただそうした逸話を聞く過程にあって、私が唯一気になったのは、学校時代の友人たちが共通して口にした「目立たない奴だった」という奇異に思える印象だった。また彼らの口ぶりからうかがえる、山野井と友人たちとの、歳月の隔たりだけではないだろう「距離感」だった。具体的には「学校生活では目立たないけど、不思議と印象に残る奴だった」「あいつには昔から『我関せず』というところがあった」「山にのめり込んで行くあいつには、自分はついて行けないものを感じた」などの言葉が、私にひとつの思いをよぎらせた。

「そもそも山野井は、他人には無関心な男なのかもしれない」と。さらに言うならば「他者という存在がわずらわしいからこそ山野井は、ソロを志向するのではなかろうか」と。

現実に、取材を始めて数カ月が経っても、山野井が自分の方から、私のプライバシーを尋ねることは一度もなかった。

だがこうした考え方も、斎藤直に会って改めさせられる。斎藤は八七年、山野井がドリュ西壁を登ったときにシャモニで知り合い、翌八八年にはバフィン島遠征に同行、その後山野井に誘われて日本登攀クラブに入会し、九八年春まで同クラブの代表を務めていた男である。

「山野井は基本的にソロ志向ですが、パーティを組むのを拒んでいるわけではありません。むしろパーティを組んだときには、相手を思いやる人間ですよ。（相手の力量を見下すような）ルートの核心部でつるべ（ザイルのトップを交替する）の順番を違えるようなことは絶対にしませんし、また意外なことに、初心者と登ることもいといません。たとえ下手だろうが、ビギナーだろうが、あいつは他人の山登りを、温かい目で見ている男ですよ」

この言葉の意味をたしかめようとしたわけではなかったが、山野井夫妻らが小川山にフリー・クライミングに出掛けた際、私は取材がてら、我が家の幼子《おさなご》たちを同行したことがあった。普通に考えれば、見知らぬ子供を岩場に連れて来られるなど、だれだって快く思わないものである。だが山野井は違った。

その日はあいにく雨降りで、マラ岩のエクセレント・パワー基部の洞窟まで行って帰ってきただけで終わったが、山野井は、はた目にもはしゃいでいた。子供を雨に濡れさせまいとして気を遣い、クライミングを諦めてテント場に帰ったのちも、率先してマキ集めをしてたき火を起こしたりするなど、子供を楽しませようとしていた。率直に言って、私は他人の子供など間違っても可愛いとは思わない人間だが、子供をもたない山野井が、当の親でさえ持てあます他人の子供と、いかにも嬉しそうに打ち解けていた。

「自分は気の短い人間だが、これまで山で喧嘩したことは一度もない。一緒に山に行ったひとには、みんなに楽しい思いをしてもらいたいと思っている」

のちに山野井が語った言葉である。

どんなに謙虚さを装おうとも、名声欲はおのずとにじみ出るものである。まして超一流の評価をほしいままにし、したがって登山にちょっとでも関心のあるひとが集まる場であれば、山野井ほどの人間なら、知らず知らず偉ぶりたくなるものである。そんな一面が、山野井にもあるのではなかろうかと、私は富士山測候所の御殿場基地を訪れた。

測候所職員の熊谷茂は「マカルー西壁遠征のテレビ映像を見るまで、山野井君があんなすごいひととは知らなかった」と真顔で言った。職員から見れば、強力仕事をしているときの山野井は「頂上に荷物を運び上げてくれる、気のいい若者に過ぎない」と。また別の職員は「差し障りがあるから名前は勘弁して」と言いながら、「これまでも高名な登山家がたびたび強力仕事にきたが、そういうひとたちは往々にして、自分のやっている世界を引き合いに出して、知ったかぶりする人が多かった。我が強くて、協調性に欠けていて『自分は一流だ』という自意識の強いひとがほとんどだった。でも山野井君には、それがまったくない」と打ち明けた。個人的なつきあいはほとんどなく、ある意味では山野井を雇用している側の人間の言葉であるだけに、嘘や脚色はないだろうと素直に思えた。

物欲はなく、気さくで飾らずだれとでも打ち解けて、自分のキャリアなど決して人前では誇らない控えめな男——取材の過程からは、そんな人間像ができあがっていった。

さらにもうひとつ、山野井そのものと言える逸話がある。九七年暮れ、山野井は日本登攀クラブの同僚・鴨志田清高と利尻岳に出掛けているのだが、鴨志田によれば、その途中に立ち寄った稚内のユースホステルで「こんなシーンがあった」という。

「ユースの経営者がわたしの知り合いで、山に関心があるらしくて山野井を知っていて、いろいろと話を聞きたがるんですよ。でも山野井は、例によってヘラヘラしていて、全然、威厳がないんです。たしかに下界での山野井は『気のいいお兄ちゃん』としか言いようがない奴ですが、わたしは知り合いの手前『お前、もっとちゃんとしろよ』と言いたくなったほどでした。たとえばこう『わたしがあの山野井です』っていうぐらいの態度を見せて欲しかったんですが、残念ながらあいつは、いつもどおりの山野井でした」

かく言う鴨志田も、現状の登山界では無名だが、おそらくここ三、四年、国内では最も数多く冬壁を登り込んでいる先鋭クライマーである。鴨志田にしてみれば、

レディーズ・フィンガー南西壁。ビバークの朝、ポータレッジで

久しぶりにあった知人に対して「自分はあの山野井と一緒に登る力のあるクライマーなんだ」という多少の見栄を張りたかったのだろうが、その目論見は見事に外れた。

だから、である——私は自分の仮説に拠る限り「なぜ登るのか。なぜソロなのか。なぜそうまでして挑むのか」が、一向につかめずじまいであった。

そうこうするうちに、早や一年半が経とうとしていた。

雪の降り積む前夜、私は重ねて問うた。

「これまで私が会ったひとは皆、その真意を集約すれば異口同音に『ソロは怖くてできない』と言っている。でもあんたは恒常的に、すでに百本以上のソロをこなしている。国内は言うに及ばず、ヒマラヤの苛酷な八〇〇〇メートルの壁でもだ。たしかにあんたの言うように、ソロにはソロでしか味わえない魅力があるんだろうが、でも怖いじゃないか、死に最も近い方法論じゃないか、死ぬのはだれだって嫌じゃないか。それを、だれよりもよく知っているあんた自身が、なぜなお挑むんだ」

これに対して山野井は、深く考えたふうでもなく、こう言った。

「なんでそう、否定的な見方ばかりするんですかね。みんな無理してやってるんじゃないですか。だからつらいんじゃないのかな。自分は、山に行けるだけで嬉しいし、登ること自体が楽しいし、これまでただの一度も、山が嫌だとかつらいとか思ったこともないし……。喜びがあるから、恐怖だって乗り越えられるし……。山登りって、そんな否定的な考え方をするもんじゃなくて、本当はすばらしいものなんだけど……」

「これだったのか」と戦懐にも近い衝撃が私の心をそのとき射抜いた。

善なるもの

対象に対する全的肯定——まさに浄信と言ってもいいだろうか。

「この男は何ひとつ、山を否定していない。それどころか山のすべてを『善的』に肯定していて、しかも信じきっている」。とっさに私の頭のなかで、「浄信」、「対象」、「善なるもの」、そして「帰依」、といった言葉がかけめぐり、それらはやがて、ひとつの輪となって結び付いた。

浄信とは仏教用語で、ただ信じることを言う。動機や意味や理由付けはなく、まして や疑念や是非もなく、ただ己がひとりで、絶対他力である仏の存在と仏力を「ひたすら信じる」ことを言う。無心に虚心に、絶対他力を善としてあがめるからこそひとは「救われる」と仏教の教えは説く。「救われる」の意味は「世俗の煩悩から解き放たれて、至福の喜びが得られる境地」と言い換えてもいいだろう。これを山野井に当てはめるとどうなるか。

彼は山や山登りを「まったき善」と見なしていて、わずかの疑念ももっていないのではなかろうか。子供が疑うことを知らないがゆえに、たやすく大人の甘言にだまされるように、無垢な視線しかもっていないのではなかろうか。現実に山野井は常々、普通のひとだったら苦痛にしか思えない山でのリスク――寒さや空腹、死の恐怖やその危険性などなど――を「山では当たり前のこと」と言いきっている。当たり前だと甘受するだけでなく、それらのリスクを驚くことに「自分は楽しめるようにできている」とさえ語る。だからこそ、「ただの一度も、山が嫌だとかつらいとか思ったことが」なく、したがって続けて懲りず、追い求めて飽きず、心底から

「山は本当にすばらしい」と言えるのかもしれない。

山野井はただ、自分にとって善なるものに、行動をもって帰依しているだけなのではなかろうか。

かつてマロリーは「なぜ山に登るのか」とひとに問われて、「Because it is there」と答えたという。

この「it」を日本語訳では「山」と翻訳して、「そこに山があるからだ」と解釈しているが、識者によれば、マロリーの真意に言うその「it」は、「対象」の意味だったという。つまり通常流布されている「そこに山があるからだ」が彼の本意ではなく、彼の言いたかった真実は「そこに対象があるからだ」と。ではその対象は何かと考えるとき、その「it」に「善なるもの」という言葉をあてはめると、エベレストに消えたマロリーの、ひいてはソロ・クライマー山野井の「なぜ登るのか」が見えてきはしないだろうか。


なぜ登るのか。

そこに善なるものがあるからだ。

すなわち山登りとは「人間が本来もつ、善性への回帰である」と。

動機や理由や意味づけがなくても、人間は物事や自然に感動できる。花を見れば美しいと感じるし、陽光降り注ぐ新緑は心にまぶしいし、荘厳な雪山はそれだけで畏怖の念を抱かせる。

ヒマラヤが神々の座と呼ばれ、日本でもかつて山岳信仰が盛んだったように、人間はそもそも山を「人知を超えた何かがある」存在だととらえてきた。だが近代アルピニズムの登場により、「山は征服するもの」「挑むもの」といった考え方が定着し、人間は、山を尊び、自然をあがめる謙虚さを失っていった。仏教やキリスト教や、さらにはイスラム教が、山岳地帯ではなく、灼熱の大地で生まれたことを思うとき、一方で、山岳地帯を身近に抱える人々が、山に神を見いだすことで、心の安寧を得ていたことを思うとき、山はそもそも、そこに存在すること自体が、人間にとっては「善」なのではなかろうか。そして山登りとは、人間が古来抱き続けてきた山や自然に対する謙虚さを、みずからに思い出させる「帰依」の具現化なのではなかろうか。山野井はしばしば「登っているときは、山の神様に『どうか怒らないでくれ』と念じている」と言う。

「なぜ登るのか」というネガティブなとらえ方をするのではなく、「そもそも山は善であり、山登りという行為はそれ自体がすばらしい」というポジティブな考え方をしない限り、この男の真実は、理解できないだろうと私は確信する。

ただ一点の疑いもなく、おそらく山と出会った瞬間に山野井は、山を善なるものと感じ取り、したがって山と同一化するためには、自分と山との間に介在するものが何もない「ソロ」が最善の形であることを、直感したのではなかろうか。「山を感じる」「山に溶け込む」「ひとりでいることが不自然でない」といった言葉は、対象と同一化しなければ吐けるものではない。そして無心に続けていくうちに、「救い」とも言える無形の恵みを山から受けとり、だからますます「帰依」していったのかもしれない。

そんなふうに考えさせられるエピソードが、それこそ過去に山ほどもある。

思えば小学校のころ「だれもできないことにあこがれていた」冒険好きな少年は、テレビ映画で見た岩登りシーンに触発されて「将来はこれをやりたい（クライマーになる）」とすぐさま思い決めた。だから小学校の卒業文集に「（当時はまだだれも成し遂げていなかった偉業である）無酸素でエベレストを登る」とも夢をつづった。そしてその決意のとおり、中学校に進むと早くも山や岩登りに没頭するのだが、そんなある日、小学校時代のクラスメートたちとかつての女性担任の家を訪れて〝中学生になった自分たちの〟将来の夢を話し合ったことがあった。

「そうしたら、みんなもう夢がすっかり変わっていて、自分だけ変わっていないことが、妙に気恥ずかしかった」

このころ中学校では、あこがれの対象のシールや写真を、下敷きに貼ることがはやっていた。だが級友のほとんどが、アイドルタレントや車の写真を張っているなかでただひとり「自分だけ、マルモラーダ南壁の写真を張り付けていた」。

山好きの叔父さんに尾根歩きに誘われて、断ったことは一度もなかった。またひとりで城跡に出かけて行っては石垣登りに興じ、ゲレンデへも毎週のように通いつめた。だが中学三年のとき、ノーザイルでゲレンデを登って大けがをし、父親から社会人山岳会への入会を諭される。このとき入会を許可した、当時の日本登攀クラブ代表であった志村博光は、こう振り返る。

「『勉強はさっぱりしないで、山のことばっかりなんだ』と親父さんが言っていたのが印象深い。あのころは文部省通達で、高校生でさえ冬山登山と岩登りは禁止されていたんだが、大けがをしてまで、ひとりで岩を登っていると聞いて、それで入会を許可したんだ。『この子はよっぽど、山が好きなんだろう』と思ってさ」

そして中学・高校と、休みと言えば山に出掛けていく弟のために、姉はせっせと、キセル用の切符作りを手伝っていた。

啓示にも似たきっかけがある。対象への純粋無垢な感情移入がある。ソロのはしりが見て取れる。

長じて二十代も前半になると、普通の人生を望む親元を離れて、アパートでひとり暮らしを始めるようになる。と言っても部屋にあるものは、寝袋とクライミング・ギアと数冊のエロ本ぐらいで、その後何年間も、布団とは縁のない生活が続いた。山野井本人が「都会の孤独を味わっていた」と語るこの時期に、友人の斎藤直は、山野井のこんな一面を見ていた。

「山でけがして、家でテレビを見ていたときのことらしいんですが、あいつが言うには、『ごろごろ一日中、テレビだけを見ていた』って言うんです。自分に言わせれば、けがをしているんだからそんなのは当たり前で、むしろ気楽でいいじゃないかと思うんですが、でも山野井は『俺は、山を登ることが生きることなんだ』って言って、その数日間を、いかにも情けなさそうに『無駄な時間を過ごした』って言うんです。

それとあるとき、子供達が遊んでいる風景を写したネパールの山村の写真を見て『できれば俺も、こんなところに生まれてくればよかったなあ』とつぶやいたことがありました」

また斎藤は、こうも言う。

「これはたとえ話ですが、もし命からがら山から下りるとしたら、自分だったら何もかも捨ててくると思うんです。でも山野井は、クライミング・ギアだけは持ち帰る奴ですよ。どんなに落ち込んだときでも、クライミング・ギアさえあれば、あいつは生きていける男だと思います」

その言葉のとおり、山野井はその後一時期、ギアと寝袋の入ったホールバッグだけを持って、ヒッチハイクやキセルをしながら国内の岩場をめぐったことがある。もちろん野宿で、友達も恋人も金もなく、ときには、キセルに失敗して駅員に捕まったりして……。だが本人は「ホールバッグひとつあればどこへでも行け、放浪しながら岩を登っていることに、ひそかな快感を覚えていた」。

いついかなるときも、心の支えに山がある。

やがて女性とめぐり会う。そしてふたりで奥多摩に住みはじめる。同棲を始めた当初は、クライミングに出掛けたおりに岩茸や山菜を山から採って来て、それを近在の旅館などに売って生活費の足しにしていた。それから六年、はた目には相変わらず貧乏暮らしだが、依然として定職には就かず、山だけを登って生きている。

おそらく妻のこの言葉が、山野井のすべてを言いきっていることだろう。

「あのひとは子供なんです。子供のままだから集中力があるんです。だからソロができるんです。ほんとに一年中、あのひとは山のことしか考えていませんし、寝言でさえ『お〜い、登ってこいよ〜』とかの、岩登りをしているときの言葉を吐くぐらいですから……」

ただのタワケだろうか。まじめに働くことが根っから嫌いな怠け者に過ぎないのだろうか。それともまだ成長しきっていない〝モラトリアム人間〟なのだろうか。だが私には、常に明日を夢見る、その絶妙なまでのバランス感覚が目に止まる。堕して落ちず、窮して貧せず、自分に忠実に生きている人間の〝自由な気概〟が。何よりたしかなことは「山野井は自分の人生を、自分が心底好きだと思えることだけに費やして、なお続けている」ということだ。

それもこれも、常に心の内に「山」という、信じきれる対象があったからではなかろうか。

自分を生きる

他人に迷惑をかけさえしなければ、人間は基本的に何をやって生きてもいいはずである。それこそ子供のころに抱いた夢を、ただ好きだという一点だけで、一生をかけて追ってもいいはずである。たとえそれがどんなに無価値であろうと、社会的には何ら評価されずとも、とことん追い求めていいはずである。

人間は本来、自由なのだから。

だがひとは成長するにつれ、社会常識や世間の目といった規範にとらわれ、みずからの夢を見失っていく。「まともに学校を出なければならない」とか、「ひと並みに就職しなければならない」とか、「結婚して子供を育て、それが一人前になることなのだ」といった事どもの〝見えざる足枷《あしかせ》〟で自分を縛ってしまう。だがそうした価値観は、結局は大多数の人間がよしと考えている〝他者から与えられた価値感〟でしかない。親から与えられ、先生から与えられ、もしくは社会という実体のない圧力から与えられた〝自分のない〟価値観でしかない。学校など出なくても、まともな就職などしなくても、自分が自分であることには変わりはない。

おおかたのひとは真に実感していないと思われるのだが、自分という人間は、この世にただひとりしかいない存在である。姿形が似ている他人は存在しても、自分はこの広い地球上に、たったひとりしかいない。つまりこの世にあること自体が「個性」であり「特異な才能」である。また付け加えるならば、どんな人間にも生まれ落ちたときは必ずや、親がいる。そして親が我が子を「宝」とまで感じるように、どんな人間も、生まれ落ちた段階で少なくとも親に対しては「善行」を施している。つまり人間は、だれもが「個性」をもち「善性」をもち、ひとしく「価値」をもって生まれて来るのである。

こうした一点の真実に目を向けさえすれば、だれもが人生を前向きに生きられるはずなのだが、だがひとはそれに気づかず、むしろ他者との優劣でしか人間や物事を見なくなる。

あまねく組織がそうであるように、人間はひとつ価値観や枠組みにとらわれると、その枠内で自分の優位を正当化するために、大多数が是とする価値観を基準にして、弱者や異端分子を排斥する習性をもつ。たとえば差別がそうであり、障害者への偏見がそうであり、貧富や学歴や社会的地位によって成功者かどうかを分ける考え方がそうであり、ひいては子供の世界だけでは決してない〝いじめ〟がそうだろう。だがその心理を裏返せば、ほとんどの人間は自分に自信がないために、常に多数の側に身をおきたがり、しかし心はいつも不安で揺れていて、だからこそ、弱者や劣るものを見つけることでしか〝心の平穏〟を保てないのだろう。差別やいじめだけでなく、物を買いあさり、レジャーや享楽に身を投じ、地位や肩書を求め、外見を飾り、世間体ばかりを気にすることもまた、元をただせば「自分が何者かがわからない」他者に与する自信のなさにほかならない。

つまりいずれにしても、そこには確固たる自己という尺度がない。「自分はどう生きるのか」「自分のやりたいことは何なのか」「自分の進むべき道は何なのか」という確たる視座がない。したがっていつまでたっても、かけがえのないただ一度の

97年春、ガウリシャンカールの取り付きで

人生を、何ひとつ自分流に生きられない……。

それもこれも、つきつめれば理由はただひとつ。「物事の本質を、自分で考えていないから」ではなかろうか。

優劣など、所詮は相対的な善し悪しでしかない。人間など、所詮は五十歩百歩でしかない。「いかに生きるか」のなかにのみ、絶対的価値があるのではなかろうか。

だから私はこう思うのだ。

「人間はもっと、自分に自信をもっていい。固有の才能と個性をもち、さらには善性をもつのであるから、自分が自分であることに『誇り』と『自負』をもってい い」「ひと真似をせず、あるがままの自分を高めていけば、人間はいつかは何者かになれる」「世俗の栄誉を到達点とするのでなく、真に独創的なものを追及していけば、それこそだれのものでもない、輝ける人生が送れるに違いない」と。そしてそんなきらめきのある人生とは「子供のころに描いた夢を、もしくは自分が心底好きだと思えることを、とことん追い求めて行く人生」ではなかろうか。

たとえば山野井の『ソロ』がそうであるように……。

若手実力派クライマー、東京ＹＣＣに所属する松平盛亮は、この意味でおもしろい言葉をはいた。

「壁を登っているときの自分って、一生懸命なんですよ。一生懸命なときの自分って、『いい奴』なんですよ」

まさに松平がいうように、好きなことのためならば人間は懸命になれ、自己犠牲や苦労をいとわないものである。子供が遊びに熱中し、恋人どうしがお互いの全存在をいとおしみ、親が子供のためならば「喜んで死ねる」と思うように、好きなことのためならば、人間は善人になれるものである。それが松平の言う「いい奴」であり、したがってそのひとにとっての好きなこととは「間違いなく好きになれる『もうひとりの自分がいる行為』」と言えるのかもしれない。

それはいみじくも、山野井のこの言葉に相通じるように。

「本当の自分が見えるんだ……。たとえばヒマラヤのアルパイン・スタイルで、七〇〇〇メートルを超えるような垂直な壁をフリー・ソロしていくと、『もうこれで死ぬなっ』という絶体絶命の瞬間が何度かある。でもそうした瞬間に、神がかかり的な力が出るときがある。怖さも何も感じず、完璧に自己コントロールができていて、火事場のばか力が出るときがある。

そういうときに、下界では絶対に見ることのできない『本当の自分』が見えるんだ。アドレナリンが沸騰し、ゆるぎない自信がみなぎり、偶然やまぐれではなく、これは自分の能力だと確信できる。そういうときの自分の姿って『強いなあ』って本当に思える。言ってみれば自分のなかの『理想の山野井泰史』が、そのとき間違いなく見えるんだ」

錯覚ではない。幻想や妄想や幻覚でもない。おそらくそれは「人間の意志力」に違いない。ひとつ事に打ち込んで、しかも命懸けだからこそ一瞬の刹那に垣間見える「生の白眉」と言ってもいい。また言い換えるなら、ほとんどの人間が一生をかけてもわからないであろう命題である「自分は何者なのか」へのひとつの回答かもしれない。すなわち山野井が言う、本当の自分が見える『ソロ』とは、こうも言えるのではなかろうか。

「自分が、自分以上のものになる『自己実現』への過程である」と。

言うまでもなく人生は「苦」であり「懊悩」である。日々、不安と緊張とストレスの連続で、きれいごとや理想論が通用する世界ではない。だがそれでも私はあえて「自己実現」という輝きを信じたい。衆愚に迎合することなく、己の可能性をひたすら信じて、はるかな高みを目指す生き方を至高としたい。もちろん挫折を繰り返し、結局は何物をもつかめないで終わるのかもしれないが、なお目指すその先に、必ずや「何か」があることを、私は信じて疑わない。

なぜなら山野井が、すでにその「何か」を、心に観ていると思えるからだ。

そうでなければ、こうした言葉は吐けるまい。

「山登りは戦いじゃない。挑む行為でもない。強いて挙げるとすれば『期待感』なんだ。ソロはたしかに怖いけど、自分はいつも取り付きで『この壁を登れたら、どんなにすばらしいか』と考えて、最初の一歩を踏み出す。たとえれば、あの女性《ひと》とうまくいきたいと焦がれるような、恋にも似た淡い期待感なんだ」

「ソロを定期的にやっていると、命あるものにやさしくなれる。常に死の怖さを身近に感じているから、自然界に生きるすべての命の『尊さ』が実感できる。変な話、『切られた木は痛いだろうな』とか、『踏みつぶされた蟻んこは痛いだろうな』とか、哀れみからではなく、彼らの命の痛みがわかる。きれいごとかもしれないけど、『自然は大切だな』ってしみじみ思う」

「ソロをずっと続けてきて、このごろとみに、子供のころの感受性が高まっているような気がする。物事に素直に感動できるし、命あるものをいとおしく思えるし、たとえ相手が自分のことを嫌っても、そのひとを思いやることができるし……。なんかこう、自分が豊かになっている実感がある」

これを善性と言わずして、自己実現への途上と言わずして、はたして何と表現すればいいのだろうか。

取材ノートの最後には、こう書かれている。この言葉を人々は、心にどう聴くのだろう。

「山登りは夢なんだ。それこそ世界中に夢がある。その辺の河原の石ころからヒマラヤの八〇〇〇メートルまで、まさに夢が無限にある。だから自分は一生、夢を見続けられる」

善なるものを信じつつ、自分で自分を生きる向上の道──『ソロ』とはすなわち、そうした高みを目指す人間の〝生き方〟そのものにほかならない。

我が人生も、かくありたいと思って、私は『ソロ』を書いた。

あとがき

この「あとがき」を書こうと思い立った日の朝刊に、サッカーのワールドカップ（W杯）フランス大会に出場する最終登録メンバー二十二人が、発表されていた。というよりも、代表選手枠二十五人のなかに選ばれながら、最終的に登録から外れた三人の名が載っていた。

外されたのは、カズ（三浦和良）、北沢豪、市川大祐の三人だった。

まだ十八歳の市川はまだしも、プロサッカー選手としてはピークを過ぎたカズと北沢にとっては「もう二度と、ワールドカップのピッチには立てない」という最後通告と同じことである。ふたりは四年前、〝ドーハの悲劇〟と呼ばれる苦汁を経験し、カズはゴール前のピッチで、北沢は控えのベンチで、それぞれともに崩れ落ちていた。あれから四年、日本代表チームは今度こそW杯本選出場の切符を手にしたものの、ふたりの夢はまた直前で、瓦解した。
あともう一歩、いやもう半歩で夢が叶うと思った瞬間に、鉄の扉が下ろされた。
ふたりの無念を想うと限りなく心が痛む。断を下した岡田監督の心境もまた……。

カズと北沢がその通告を受けていたころ、私は山野井と二カ月ぶりに会っていた。この四月、五月と、山野井は初めて春のシーズンにヒマラヤ遠征に出かけ、久しぶりに胸のすく成果をあげていた。ネパール・ヒマラヤ、クスム・カングル東壁（六三七〇メートル）単独初登。未登の壁の、技術的には第一級のアルパイン・スタイルのソロである。

思えば九四年のチョー・オユー南西壁単独初登以来、山野井のヒマラヤ・ソロは失敗続きだった。九六年のマカルー西壁、九七年のガウリシャンカール東壁、そしてもし今度もだめだったなら、「山野井にはもうソロはできないのではないか」と言われはじめてもおかしくなかった。肉体的にも精神的にも、ギリギリの緊張を強いられるスタイルであるだけに、彼にもいずれは限界がくる。本人もそれをよく知っていて「こんなクライミングはあと何年できるか……」と最近は口にする。年に一度と位置づけていた、それまで秋に行っていたヒマラヤ遠征を春にもってきたのも、そうした背景があってのことである。

ほかには客のいないイタリアン・レストランで、意外に静かな会話が進んだ。

「自信は戻ったかい？」と私は訊いた。

前後の脈絡など話さなくても、山野井にはもう話が通じるようになっている。

「うん。自信云々というよりは、ほっとしたね。正直いって、『もし今度失敗したら……』という思いはどこかにあったからね。でもこれでひと安心できたし、また夢が見られるよ」

「でも今度のクスム・カングルは、標高だけ見ればグレード・ダウンじゃないか。この先八〇〇〇メートルの壁をやろうとすると、むしろ次が難しいよね」

「たしかに、そう。技術的には最高に難しかったけど、やっぱり六〇〇〇メートル台の壁は、ちょっと物足りないな、って感じは否めないね。だから自分の考えでは、あとツー・ステップぐらい踏んでから、目標とする最高の壁に行きたいね」

「とすると……可能性としては……あの〇〇壁あたりかい？」

「そうだね。可能性はあるよね」

山野井の目が、初めて会ったときのあのままに、再び輝きだしていた。

登らせてやりたいと思う。だれもが成し遂げていないその究極の頂に、この男だけは立たせてやりたいと思う。一ファンとして、袖振りあった縁あるものとして、山野井というクライマーの存在に、生きる勇気を与えられた人間のひとりとして……。

そして願わくば、言葉を介して語られるのではないソロの真実を、今度はこの目で、しかと見とどけたいと思う。

敗者の美学であれ。勝者の歓喜であれ。


一九九八年六月、晴れた日に。

著者

文庫のあとがき

「ゆく河の流れは絶えずして　しかももとの水にあらず　よどみに浮かぶうたかたは　かつ消えかつ結びて　久しくとどまりたるためしなし　世の中にある人とすみかと　またかくのごとし」

言わずと知れた、鴨長明の手になる『方丈記』の書き出しです。『方丈記』の核心そのものは、よくよく読むと世にいれられなかった没落貴族の泣き言ですが、この冒頭の書き出しおよび前段があまりに秀逸なため、無常文学の嚆矢として広く知れわたっています。

どうしてひとはこうも、人生の無常に惹かれるのでしょうか。古くは西行しかり、芭蕉しかり、近くは山頭火しかりです。私もまたそうした作品を目にすると、柄にもなく琴線揺れるひとりです。

いっぽうで、無常観を悟りの境地にまで高めながら、崇高な諦念を内に秘め、人生を飄々と生き抜いた御仁もいます。トンチ話で有名な一休禅師がたとえばそのひとです。天皇のご落胤（隠し子）として生まれ、六歳で寺にあずけられ親の愛を知らず、極貧の修行僧時代に悟りを得たという苦労人。一休の名は、「有漏路《うろじ》（煩悩の現世）より無漏路《むろじ》（涅槃の来世）に帰る一休み……」と自ら詠んだ歌からとったもの。その心は、「人生など所詮、この世からあの世に行く仮の宿に過ぎない」という達観にほかなりません。

そのせいでしょうか。一休さんは悟りを開いたのち、戦国の世にあって異例の八十八歳まで長生きしたのですが、後半生はボロをまとって奇行の数々、飲酒や肉食はもちろん、七十歳を過ぎて盲目の美女をかこって色事に耽るなど、およそ禅僧らしからぬ破戒の道を生きたのでありました。言うまでもなく、権威や地位や、富や名声や格式などはあまねく「ひとの世の虚飾に過ぎない」ことを体現したにほかなりません。

そうしたなかから次のような句を遺しています。

「生まれては死ぬなりけり　おしなべて　釈迦も達磨も猫も杓子も」

「世の中は　起きて稼いで寝て食って　あとは死ぬを待つばかりなり」

戯れ歌を装いつつ、ただ一点の真理を見事に言い当てています。

そして辞世の句は、次のような激しさでした。

「朦々淡々《もうもうたんたん》として六十年　末期《まつご》の糞《くそ》をさらして梵天に捧ぐ」

方丈記のような、名文をもって心を打つ文学作品もよしですが、私はむしろ、「一休和尚の反骨」をこそ愛します。『ソロ』もまた、そうした心根をもった方々に読んでいただければ幸いです。

二〇一二年六月中旬　　放射能降り積む福島の地で

著者

［解説］　折れない心

池田常道

山野井泰史の名前が活字となって誌上に登場したのは、たしか『岩と雪』一一〇号（一九八五年六月）だったと思う。前年の十一月から十二月にかけて、伊豆・城ヶ崎海岸の岩場で登った複数のルートを記録欄「ＣＨＲＯＮＩＣＬＥ」に投稿されたものだ。高校を出てすぐヨセミテに行き、四カ月にわたるクライミング三昧の旅から得た経験を日本の岩で試してみたのである。山野井は十九歳、パートナーたちも同様に若かった。その号が店頭に出たころ、彼は再びアメリカにいた。しかし、この二回目の旅では、落石を受けて左足首を骨折し、長期療養を余儀なくされてしまう。そして八六年、まだ痛みの残る足を引きずって三たびアメリカに渡った。前年果たせなかった夢を実現するために。

それは、当時山野井が傾倒していたフリー・クライミングの分野で最高峰といわれた難度5・13のルート、ヨセミテの「コズミック・デブリ」を登るためだった。それを極めたら、かねてから念願のビッグ・ウォールへと踏み出すという野心を抱いていたのだ。苦労しながらこれを陥れたあと、このルートがワンランク下の5・12dに格下げされたと聞くと、翌年春、はるばるコロラドまで行って、もうひとつの5・13「スフィンクス・クラック」を登る。とは言え、ただ格好をつけるために登ったルートは、三年間憧れてきた「コズミック・デブリ」ほど深い印象は残さなかった。それでも、これでいよいよビッグ・ウォールの単独登攀に向かうことができると、気分は高揚した。目標はアルプスのアイガー北壁で、一九八三年に登られたばかりの「ギルニ＝ピオラ直登ルート」を狙うことにしていた。そのために、まずヨセミテでエル・キャピタンの「ラーキング・フィア」を片づけ（単独第三登）、アルプスへ渡ってドリュ西壁の「フレンチ・ディレッティシマ」の単独初登攀に成功した。後者はアイガーへのステップという位置づけだったが、他人の墜落を目撃したり、自ら本番ルートで初めての墜落を喫したりして気力がなえ、アイガーは中止してしまう。それでも、帰国前にはパートナーとドロミテのチヴェッタ北西壁を登って一年五カ月にわたった旅を締めくくった。本来は、そのままパタゴニアへ行く資金をかせぐためにアメリカに渡ろうとチケットまで買っていたのだが、アテネでフライトを待つ間に盗難に遭い、やむなく日本にもどってきたのだった。

当時『岩と雪』の編集長をしていた私は、躊躇なく彼に原稿を依頼した。城ヶ崎で「クラック登攀のうまい人」としてしか名を聞いていなかった若手クライマーが、わずか三年のうちに世界の大ルートを立て続けに、それも単独で登ってしまうなんて、これがニュースでなくてどうする。とは思っても、さきに述べた投稿以外彼の原稿は見ていない。一九八七年十二月の一二五号に用意したモノクロ六ページは、足かけ二年のクライミングを語ってもらうにはいかにも不足だったが、彼は要領よく(むしろ簡潔過ぎるくらいに)まとめてくれた。多少の背景説明もかねて、べつに二ページのインタビュー記事も掲載した。こちらには、Tシャツの裾をまくり上げて、アメリカ放浪中強盗に遭って刺された腹の傷を指差す一枚のショットが添えられている。

こうして「メジャー・デビュー」を果たした山野井のその後の活躍は、本書にあるとおりだ。『岩と雪』ではその逐一を記事にした。バフィン島のトール西壁、冬季パタゴニアのフィッツロイ、冬季ネパールのアマ・ダブラム西壁、ガッシャブルムⅣ峰東壁、チョー・オユー南西壁……成否にかかわらず、彼は自らの登攀と心情を熱心に書き続けた。

本書の著者、丸山直樹さんが、山野井泰史の人物ルポを書きたいという企画を月刊誌『山と溪谷』に持ち込んだのは一九九六年夏も終わりのころだった。当時山野井は、究極の目標と定めたマカルー西壁に挑むためネパールへ旅立っており、取材は帰国を待って始めることになった。『岩と雪』では登攀専門誌という性格上、もっぱら記録を中心に山野井というクライマーを取り上げてきたが、より広い範囲の読者を対象とする月刊誌では、その内面にまで迫れるのではないかという期待も生まれた。単独登攀という山野井の行為は、『岩と雪』の十倍はある月刊誌の読者にも興味を持たれるはずだという確信もあった。前年三月に『岩と雪』が休刊の憂き目にあい、単行本のセクションに異動していた私が、連載終了後一冊にまとめることになった。連載と並行して、丸山さんのもう一冊の著書、『死者は還らず』を担当した縁もあった。ちなみにこちらは、月刊『岳人』に連載された遭難ルポのシリーズである。

丸山さんの筆は、登攀記録を読んだだけではわからない山野井の一面まで掘り下げている。著者が東洋大学山岳部出身ということから、クライマーのなかには「山野井を借りて自分の登山観を押しつけている」と批判する人がいなかったわけではないが、私はそれほど気にならなかった。『岩と雪』で欠けていたピースのいくつかを埋めることで、山野井という稀代のクライマーに別の角度から光を当てる作品になっているからである。モノ書きは所詮、自分を鏡にして対象をとらえ、紙の上に表現するものであって、どこから見てもまったく客観的な文章なんて、経済学や物理学のリポートみたいになってしまうだろう。山野井には、本人の手になる『垂直の記憶――岩と雪の7章』がのちに出ているし、沢木耕太郎が山野井夫妻のギャチュン・カン挑戦を描いた『凍』もある。それらを読んで浮かび上がってくるものこそが彼の実像（と言っても一〇〇パーセントではあり得ないのだが）なのではないだろうか。

本書のなかで気に入っている一節は第十章「自分を生きる」の冒頭だ。最後のインタビューを終えた朝の情景である。

昨夜来から降り続いていた雪も、どうやらすっかりあがったようだ。（中略）今年何度目かの雪に見舞われたここ山野井の自宅周辺は、淡い雪景色におおわれた。川をはさんで対岸の、山肌を埋めた杉木立はおそらく、山水画の世界をかもしだしているに違いない。

いまはべつのところに移っているが、私もかつて訪れたことがある、あの谷間の小さな一軒家が目に浮かぶ。丸山さんは一年半にわたってそこに通い、山野井から、また妙子夫人から話を聞いた。この最終章はこう結ばれている。

我が人生も、かくありたいと思って、私は『ソロ』を書いた。

まこと、著者は、夫妻に寄り添うように年月を送り、応援の意味を込めて本書を著したのである。

会社を辞めてフリーランスになってから一年半ばかりたったころ、二〇〇六年三月号の『山と溪谷』誌上で、ひさしぶりに山野井と対談したことがある。当時の彼はギャチュン・カンから生還した際の後遺症から再起し、中国・四川省の岩壁ポタラ峰北壁を登ったあとだったが、以前のような強靭さを取り戻せない自分にいらだっていた。精神は高揚しているのにそれに追いつかない肉体とのギャップに戸惑っているみたいだった。初めて会ったときから二十年が経過して、齢四十の坂を超えてなお若き日の登攀を追い求める姿勢には、ひそかに感動を覚えた。心まで折れていないことを、彼はこんな言葉で締めくくった。

「クソッ、なんでこんなに伸びないんだって、がっくりくることはない。それこそ、悩んでいる自分もいるっていうことが、人生としておもしろいなって」

（元『岩と雪』編集長）

本書は一九九八年十一月、山と溪谷社より刊行されたものです。

なお、第一章以下第十章までの十編は、雑誌『山と溪谷』（一九九七年八月号から九八年六月号）に連載されたものです。連載時の文章に多少の加筆・訂正を加えましたが、本文中の時間経過は掲載時に準拠しました。

ソロ　単独登攀者　山野井泰史

二〇一二年八月五日　初版第一刷発行
二〇二二年十二月一日　初版第四刷発行

著　者　丸山直樹
発行人　川崎深雪
発行所　株式会社　山と溪谷社
郵便番号　一〇一－〇〇五一
東京都千代田区神田神保町一丁目一〇五番地
https://www.yamakei.co.jp/

■乱丁・落丁、及び内容に関するお問合せ先
山と溪谷社自動応答サービス　電話〇三－六七四四－一九〇〇
受付時間／十一時～十六時（土日、祝日を除く）
メールもご利用ください。
【乱丁・落丁】service@yamakei.co.jp　【内容】info@yamakei.co.jp
■書店・取次様からのご注文先
山と溪谷社受注センター　電話〇四八－四五八－三四五五
ファクス〇四八－四二一－〇五一三
■書店・取次様からのご注文以外のお問合せ先　eigyo@yamakei.co.jp

デザイン　岡本一宣デザイン事務所
印刷・製本　大日本印刷株式会社
定価はカバーに表示してあります

Printed in Japan ISBN978-4-635-04745-6